KB220229

두 번째
걸음마

두 번째 걸음마

초판 1쇄 발행 | 2021년 11월 12일

지 은 이 | 이홍승
펴 낸 이 | 이한민
펴 낸 곳 | 아르카

등록번호 | 제307-2017-18호
등록일자 | 2017년 3월 22일
주   소 | 서울 성북구 숭인로2길 61 길음동부센트레빌 106-1805
전   화 | 010-9510-7383
이 메 일 | arca_pub@naver.com

홈페이지 | www.arca.kr
블 로 그 | arca_pub.blog.me
페이스북 | fb.me/ARCApulishing

책   값 | 뒤표지에 있습니다
I S B N | 979-11-89393-28-1 03230

아르카ARCA는 기독출판사이며 방주ARK의 라틴어입니다(창 6:15).
네가 만들 방주는 이러하니 … 새가 그 종류대로, 가축이 그 종류대로,
땅에 기는 모든 것이 그 종류대로 각기 둘씩 네게로 나아오리니 그 생명을 보존하게 하라 _창 6:15,20

다시 일으켜 세우는 하늘의 선물

두 번째 걸음마

이
홍
승

아르카

이홍승 님을 바라보며, 세상은 아직 참 따뜻하다고 늘 생각한다. 그의 믿음과 강인함, 심지어 여유롭게 다른 사람을 유머와 웃음으로 대하는 모습은 나를 늘 반성하고 부끄럽게 만든다. 감사하다! 그와 가까이, 가끔이라도 그를 만날 수 있고 함께 할 수 있어서….

_신은희 NielsenIQ Developed Asia (HK/KR/TW/JP) Leader (홍콩 한국 대만 일본 대표)

저자는 30대 후반 한창의 나이에 죽음 직전까지 갈 정도로 심한 병에 걸렸습니다. 그로 인해 두 팔과 다리의 상당 부분을 상실하였습니다. 그것은 보통 사람들이 상상할 수 없는 큰 '고난'입니다. 그럼에도 불구하고 이분이 우리에게 들려주는 메시지는 놀랍게도 '감사'입니다.

저자가 분당우리교회의 특별 집회에 오셔서 자신의 간증을 들려주셨는데, 그 제목이 '고난 그리고 감사'였습니다. 그때

• • •

큰 감동과 도전을 받았습니다. 이 책에서 저자는 그때의 간증보다 더 풍성하고 깊이 있는 감사와 믿음을 들려주고 있습니다. 우리 모두가 코로나19로 인해 괴롭고 고통스러운 시간을 보내고 있는 현실에서, 이런 희망과 감사에 관한 이야기가 들려지니 감사한 마음입니다.

힘들고 어려운 상황으로 지쳐 있는 분들이라면 저자의 이야기가 큰 힘이 될 것입니다. 저자의 '감사'를 통해서 고난 속에서도 어떻게 감사할 수 있는지, 어떻게 희망을 바라볼 수 있는지 알게 될 것입니다.

_이찬수 분당우리교회 담임목사

이 책은 하나님께서 이홍승 집사님의 삶에 극적으로 개입하셔서 오늘까지 오게 하신 생생한 이야기를 담고 있습니다.

저는 11년 전, 저자의 한 발이 죽음의 문턱 너머에 있는 것을 보았을 때, 하나님의 기적이 아니면 다른 할 일이 없다고 생각했습니다. 그런데, 그를 생명의 자리로 돌아오게 하신 하나님의 치유와 회복의 손길이 그에게 계속되어, 그가 영적으로 건강해지는 모습을 자주 지켜볼 수 있어서 기뻤습니다. 이 책이 독자들에게 하나님의 섬세한 사랑의 손길을 느끼게 해줄 것으로 기대합니다.

_유상섭 창신교회 담임목사

합리적 사고와 상식이 잘 통하던 '나의 세계'에 계시적 사건이 임할 때, 죽음은 필연이다. 소멸의 죽음이 아니라 재탄생의 죽음이다. '나의 지혜'와 '나의 성실'에 기초하되, 믿음에 관하여는 울타리에 걸친 정도의 '나의 신앙'만으로도 웬만큼 통했던, '나의 세계'가 죽는 것이다.

하지만 부활한다. 이전의 몸 그대로이지만, 사실은 상당히 달라진 몸으로, 이전과 유사한 마음인 것 같지만 사실은 뼛속 깊이 달라진 마음으로, 이전과 유사한 생활 패턴이지만 완전히 처음부터 다시 학습해야 하는 형식과 방향과 가치로 부활하는 것이다. 이런 죽음과 부활의 개인적 사건이 그리스도 안에서 비추어질 때, 그것은 이미 공적인 사건이 된다. '나의 이야기'는 '우리의 이야기'가 되고, 그의 사건은 우리의 소망과 의지가 된다. 이홍승은 그 이야기 한 가운데 서서, 마음에서 솟는 생명의 웃음기를 한껏 드러낸 채, 이제 걸음마 시기를 지나 누구보다 빨리 성큼성큼 걷고 있다.

사실 나는 그의 '죽음의 시간'에 잠시 접촉했었다. 중환자실에 누워있는 그의 눈은 죽은 자의 눈이었고, 온 몸은 피의 죽음으로 검게 변해 있었다. 하지만, 절망의 시간에도 희망을 말해야 한다는 의지로, 그의 아내에게 이홍승은 꼭 일어날 거라 말했었다. 계시적 선언이기를 바라는 목회적 무책임일 수 있었다.

하지만 얼마 후 그는 일어났다. 아니 일으켜졌다. 내가 두 번째 그를 찾은 날은, 그의 신체 일부가 절단되는 바로 그 날이었다. 그는 눈물을 흘렸지만 입가에서는 미소가 떠나지 않았다.

회복된 그를 만나기 위해 세 번째로 찾은 곳은 재활병원이었다. 그런데, 이미 병원에서는 이홍승이 자기들의 희망이라는 소문이 간호사들 사이에서 자자했다. 이홍승 덕분에 많은 환자들의 불평과 원성이 줄어들고, 대신 희망의 기운이 일어나고 있다는 이야기였다. 나는 그의 몸과 영혼이 이미 '죽음과 부활의 사건을 담은 메신저'가 되었다는 것을 느꼈다.

나는 자신에게 일어난 사건에 욕심을 부리지 않고, 여전히 자신의 자리를 지키며, 신실한 성도로, 곧은 시민으로, 무엇보다 아름다운 가장으로 살아가고 있는 그가 참 좋다. 그의 글을 읽는 이들은 누구든지, 기대보다 훨씬 더 깊고 부요한 감동과 각성과 기쁨을 선물로 얻게 될 것이다.

_정갑신 예수향남교회 담임목사

벌써 11년이라는 세월이 흘렀다. 내가 장애인이 되어 두 번째 걸음마를 뗀 지…. 맨 처음 한기를 느낀 때의 불길한 직감이나 응급실에 실려 갈 때의 막연한 두려움, 약 3주 만에 기도 삽관을 빼면서 몽롱하게 깨어났을 때의 혼미함, 절단 수술 후 마취에서 깨어나서 본, 권투장갑보다 더 두툼하게 싸여 있던 사지(四肢)의 붕대, 그리고 이어진 끝도 없는 절망감…, 그 모든 것이 어제 일처럼 너무도 생생하다.

"살아 있으면 됐다."

죽음의 문턱에서 기적같이 살아온 내가 들었던 말 중에 가장 실감 났던 말이다. 그랬다. 살았으면 됐다. 모든 것은 거기에서 다시 시작됐다. 마치 갓 태어난 아기처럼 말이다.

나는 장애인으로서 거의 모든 것을 다시 시작했다. 밥 먹는 일부터 대소변 같은 생리적인 일은 말할 것도 없

• • •

이, 마음과 생각까지 다시 세팅해야 했다. 그렇게 10년이 지났다.

이 시점에서 지나온 시간을 거슬러 되돌아본다. 나는 힘겹지만, 그저 꾸준히 하루하루를 살았을 뿐이었다. 때론 절망감에 괴로워 남모르게 눈물을 훔치기도 하며, 웃으며 애교를 떠는 딸 덕분에 '세상 다 가진 딸 바보'가 되기도 하고, 큰 아들이 5학년 다 될 때까지도 전동휠체어에 올라타 아빠 무릎에 냉큼 앉는 걸 은근히 즐기며, 그저 일상을 살아왔을 뿐이다. 어릴 적, 파주 시냇가의 징검다리를 하나씩 건넌 것처럼, 세월의 강에 놓인 돌다리에 한 발 한발을 내디디며, 지금 이곳에 서 있다.

지나온 시간의 속살에는 슬픔도, 기쁨도, 괴로움도, 즐거움도, 절망도, 희망도, 어둠도, 빛도, 모두 한데 어우러져 꽉 차 있다. 이런 게 인생일까? 한 인간의 삶에 몰아닥친 폭풍우 같은 사건이 모든 것을 송두리째 바꾸어 버렸고, 장애라는 생채기를 남겼다. 하지만 계절이 지나 봄이 오면 그루터기에 새 생명의 싹이 자라 푸른 잎이 돋아나듯, 삶은 계속되었다.

이 책을 마무리할 무렵, 코로나 4차 확산으로 확진자 수가 연일 최고 기록을 경신하고 있다. 코로나 초기에, 코로나에 감염된 환자의 까맣게 변해버린 모습을 외신(外信)에서 보았다. 일상에서 잊고 있었던 10여 년 전의 내 모습이 떠올라 소스라치게 놀랐다. 그때 내 모습과 너무 흡사했기 때문이다. 트라우마 같은 기억이 나의 마음을 짓눌렀다. 전 세계 사람들이 집단적으로 겪고 있는 전염병의 공포 중에서 가장 두려운 것은, 이 길고 어두운 터널이 언제 끝날지 모른다는 것이다. 내가 겪은 고통이 그랬던 것처럼….

그러나 이런 때일수록 희망을 이야기하고 싶다. 〈사막을 건너는 여섯 가지 방법〉에서 스티브 도나휴가 얘기한 것처럼, 인생이라는 사막은 애당초 경계가 없어서 절망이다. 단지 머릿속에, 마음속에 두려움과 공포로 허망하게 그어 놓은 관념의 울타리만 있을 뿐이다. 울타리를 허물 희망이 필요하다.

나는 엉덩이 걸음으로 그 높은 화장실 변기에 올랐을 때, 나 자신과 사회적 통념이 그어 놓은 '장애라는 관념의 울타리'와의 첫 싸움에서 이길 수 있었다.

희망은 앞으로 일어날 일의 모든 정보를 가져야 생기는 게 아니다. 하루하루, 한발 한발 이 순간을 살아가면서, 관념을 실존으로 바꾸며 얻어내는 것이다.

희망은 먼 미래의 막연한 어떤 꿈 같은 게 아니다. 그런 건 희망 고문이다. 진정한 희망이란 피하고 싶고 보기 싫은 현실을 직시하고, 머릿속에, 그리고 마음속에 일어나는 두려움과 불안을 용기로 딛고 일어서야만 따낼 수 있는 열매이다. 그제야 비로소 '그분'의 일하심과 약속을 볼 수 있다.

믿음은 바라는 것들의 실상이요 보지 못하는 것들의 증거니_히브리서 11:1

감사하다. 지금까지 이어진 삶은 혼자 걷지 않았다. 어렵사리 뗀 두 번째 걸음마에는 함께 한 가족이 있었고, 믿음의 사람들이 있었고, 함께 일하는 사람들이 있었다. 무엇보다도 나를 나보다도 더 잘 알고 계시고, 처음부터 지금까지 항상 함께하신 '내 삶의 설계자'가 계셨다. 이 책은 그분의 살아계심의 증거이다.

소중한 나무를 희생시키며 활자화된 이 책이, 누군가에게 부디 희망과 감사와 생명을 조금이라도 더해주기를 마음속 깊이 바란다.

이홍승

3부 사랑의 능력

그날의 기도가 나를 살렸네

4부 소망과 감사

이제는 옛날처럼 살 수 없어요

1부

고난의 한계

사람이 감당할 고난이
과연 있을까?

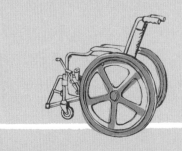

죽음의 문턱까지 가보니 알겠더군요

· · ·

아들 요한의 돌잔치가 열린 날은 2011년 1월 셋째 토요일이었다. 나는 아빠인데, 갈 수 없었다. 돌잔치 2주일 전, '재감염' 판정을 받았기 때문이다.

나를 담당한 의료진은 쇄골 아래를 뚫는 '시술'을 했었다. 주사를 놓을 곳을 더 찾지 못해, 약을 투입할 호스를 삽입하기 위해서였다. 재감염의 원인은 그 시술이었을 것이다. 뚫은 곳에 염증이 생겼는지 백혈구 수치가 올라갔던 것이다. 주치의는 내가 보는 앞에서 인턴들을 심하게 나무랐다. 꼼짝 못 하고 몇 달째 누워 있기만 하던 내가 쩔쩔매는 젊은 의사들을 보니, 그저 민망하기만 했다.

내 왼손에서 주사 바늘을 더 꽂을 곳은 찾기 어려웠다. 간신히 바늘을 꽂아도 오래 두면 염증이 생길 수 있었다. 오른손은 팔꿈치 아래부터 잘려 있어 바늘 꽂을 곳이 아예 없었다.

나 같은 지체 손상에 장기입원 환자는 주사를 놓을 곳이 점점 줄어들기 마련이다. 더구나 다리마저 왼쪽은 무릎 위부터, 오른쪽은 무릎 아래부터 왼손이 잘릴 때 같이 잘렸다. 그러니 내 쇄골 아래에 필러(pilar) 시술을 한 건 어쩔 수 없는 선택이었다. 선택이야 어쨌든, 주치의가 펄펄 뛰며 화를 낼 만도 했다. 죽을 사람을 천신만고 끝에 살려놓았는데, 다시(?) 죽을지도 모르게 됐으니 말이다. 어마어마한 양의 항생제가 내 몸으로 또 들어왔다.

항생제는 종류가 다양하다. 환자의 상태에 따라 쓰는 약과 양이 다르다고 한다. 내게 항생제는 필수 약품이었다. 그 중에서도 강한 약이 투입되었다. 항생제가 들어오면 피부에 약한 발진이 일어나기도 했다. 가렵고 쑤셨다. 하지만 스스로 긁을 수 없었다. 두 손과 두 발은 붕대에 감겨 있었다. 성경에서 욥이란 이름을 가진 사람은 온몸에 종기가 나자 깨진 그릇 조각으로 자기 몸을 긁었다고 하던데, 나는 그 짓조차 할 수 없었다.

그날의 감염은 환자인 나뿐 아니라 병원으로서도 치명적인 사건이 될 뻔했다. 다행히 염증을 잡았으니 망정이지, 의사 말대로 '큰일' 날 뻔했다.

사실 진짜 큰일은 그날의 '재감염'이 아니었다. 아들의 돌잔치가 있기 몇 달 전인 2010년 11월 16일, 원인 모를 감염으로 고열이 일어나 급히 입원했던 일에 비하면, 그날의 감염은 큰일 축에 끼지 못할지도 모른다.

죽음의 문턱에서 알게 된 것

내 병명은 '급성 흡입성 패혈증'이었다. 나는 감염질환 중 가장 심각한 병에 걸렸던 것이다. 면역력이 떨어진 경우면 급격히 상태가 악화돼 암보다 무서울 수 있다고 한다.

나는 응급실에 들어가자마자 정신을 잃었다. 그리고 3주 이상 혼수상태에 빠져 있었다. 그동안 팔과 다리의 상당 부위가 괴사하고 말았다. 나를 살려두자니 승압제로 뇌와 심장에 피를 억지로 보내야 했고, 그 때문에 팔과 다리 끝까지는 피가 돌지 못했기 때문이다.

괴사되어가던 내 팔과 다리는 흑인의 피부보다 검어 보였다고 한다. 결국, 세상이 예수님의 탄생을 기리는 성탄

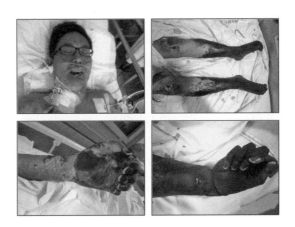

절의 사흘 전, 내 왼쪽 손가락 일부와 오른손 팔꿈치 아래, 오른쪽 다리는 무릎 아래부터, 왼쪽은 무릎 위부터 그 아래를 잘라내는 수술을 받았다. 절단하는 수술은 생각보다 시간이 오래 걸리지 않았다. 그랬던 내 몸인데, 수술한 지 몇 주 뒤에 다시 감염된 것이었다.

감염은 누구에게나 치명적이다. 그러니 중환자실에서 일반 병실로 옮겼지만, 재감염된 내 상태로는 아들의 돌잔치라 해도 외출할 수 없었다. 그래도 꼭 가고 싶었다. 비록 아빠가 팔과 다리를 자른 몸이 됐지만, 교회의 영아부 교사들과 30-40대 가정들이 마음을 모아 내 아들 요한의 돌잔치를 주선해준 자리다. 그것만으로 가야 할 이유는 충분했지만, 내가 그 자리에 그런 몸을 끌고서라도 반드시 가고 싶었던 또 다른 이유가 있었다.

나는 자라면서 십대 때 고작 교회를 몇 번 다녔고, 어른이 되어서야 예수님을 믿었다. 권사님인 처형을 빼면 양가 모두에 예수 믿는 사람이 거의 없다. 내게 믿음이 생기고 자라고 깊어진 것은 대부분 아내 덕분이다.

내가 다니는 직장은 사회에 이름이 제법 알려진 기업인데, 동료 중에 예수 믿는 이가 많은 편이 아니다. 내 주변엔 교회 다니는 사람보다 안 다니는 사람이 더 많았다. 고향인 경기도 파주에서 자랄 때, 친하게 지낸 동네 선후배들도 대개 그랬다.

문득 생각하니, 그들에게 예수님을 소개한 적이 별로 없었다. 3주간의 혼수상태를 지나는 동안 죽음의 문턱까지 다녀와 보니, 더 주저할 수 없다는 생각이 들었다. 하나님이 정말 계시다는 사실, 내가 혼수상태에 빠져 있을 때 체험한 일, 예수를 정말 믿지 않으면 안 된다는 이야기를 전해야 했다.

나는 정말 죽음의 문턱까지 밟고 왔다고 생각한다. 다시 깨어보니 내가 아는 사람들, 예수를 믿지 않는 그들이

몹시 안타까워 보였다. 그 영혼이 예수를 부인하거나 아예 모르고 살다가, 예수를 믿지 않은 채 죽게 할 순 없었다. 내가 살아난 이유, 이른바 내가 받은 소명(召命)은, 내가 죽어가는 몸으로 체험한 복음을, 그들에게 살아난 내 몸으로 전하는 것이었다.

내 몸은 비록 나다니기 곤란한 상태가 됐지만, 아들 요한에게 소중한 돌잔치일 뿐 아니라, 사랑하는 가족과 친지들에게 복음을 전할 수 있는 기회를 결코 포기할 수 없었다.

의사 입장에서는 내 의도가 무엇이든 외출을 허락할 수 없었다. 나는 간청했다. 아들에게 한번뿐인 돌잔치일 뿐 아니라, 내가 가서 반드시 할 말이 있다고 호소했다. 의사는 마지못해 외출 허가서에 사인했다. 다행히 염증 지수도 내려가고 있었다.

요한의 돌잔치가 있던 날, 주인공이 아들이 아니라 아빠로 바뀐 것 같았다. 양가 친척과 창신교회 교우들, 회사 동료와 고향 친구들까지, 연회장에 들어오는 나를 보더니 다들 일어나 환영의 박수를 쳐주었다. 그도 그럴 것이, 그들 대부분은 내가 감염으로 입원해 죽을 뻔했다 살아나 팔과 다리를 절단했다는 소식만 들었을 뿐, 나를 다시 본 건 그날이 몇 달만에 처음이었다.

드디어 하객들 앞에서, 아빠로서 한 마디 인사를 할 시간이 되었다. 그런 일을 겪지 않았더라면, 내 성격은 아들 돌잔치라고 해서 굳이 마이크를 잡진 않을 것이다. 그런 내가 감염을 이겨내고 하나님의 손에 끌려 나간 그 자리에서, 오신 분들 앞에서 힘을 내 입을 열었다. 이 말을 하려는 것이었다.

"제가 정말 죽음의 문턱까지 가보니까 알겠더라고요.

여러분, 예수 믿으십시오."

패혈증에 걸리기 전의 나

패혈증에 걸리기 전의 나의 삶은 암흑기(暗黑期)였다. 세상에서 일하는 걸로 보면 광명기(光明期)였다. 수술을 받고 재활 후에도 다니고 있는 직장인 '닐슨IQ'(NielsenIQ)에서 팀장으로서 거의 미친 듯 일할 때였다. 새벽 4시나 5시에 사무실을 청소하려고 일찍 출근하는 아주머니가 내 얼굴을 기억할 정도였다. 그 시간은 내게 출근이 아닌 퇴근 시간이었다.

피로가 쌓인 탓이기도 했지만, 예배드리는 열정이 사라지고 일중독에 빠졌던 나는 주일에 예배드리러 교회 간다고 아내를 속이고 회사에 출근하거나, 교회 갔다가도 몰래 집에 돌아가 밀린 잠을 청하곤 했다.

내가 다니는 회사의 전문 분야는 정보(Big Data) 분석이다. 일반인은 주로 '텔레비전 시청률 조사'를 하는 회사로 알고 계실 것이다. 나는 이 회사에서 소비자 분석 전문가로 일해 왔다. 내가 한 일 중에는 L전자의 의뢰로 매장을 방문하는 고객의 동선과 시선을 시간대별로 비디오

트래킹으로 추적해 마케팅 효과를 극대화할 방안을 분석하고 제안한 것이 있다. S전자의 국제적 시장조사 프로젝트를 진행한 적도 있다. 고객을 국제적으로 세분화(segmentation)해 분석해내는 프로젝트였다. 무려 10개 국의 정보를 조사하고 분석하는 일이라 해외 출장도 잦았다. 어느 나라든 최소 2주에서 3주간 출장은 흔한 일이었다.

아마도 S사의 고객 세분화 작업을 할 때 업무 강도가 가장 컸던 것 같다. 밤을 새는 일이 다반사였다. 체력이 바닥을 쳤다. 아무리 바빠도 운동은 해야 버틸 수 있을 것 같았다. 직장 동료와 의기투합해 헬스장에 등록은 했다. 하지만 패혈증에 걸리기 직전까지 고작 단 한 번 간 것이 전부였다.

내가 바닥을 친 건 사실 체력이 아니었다. 영적 상태가 진정한 문제였다는 걸 그땐 몰랐다. 일에 빠져 신앙은 뒷전이었다. 그렇게 사는 것이 진정한 암흑이었다.

별 일 아니겠지, 했는데

몸이 이상해지기 시작한 날은 2010년 11월 15일 월요일이던 걸로 기억한다. 11월 13일 토요일에 파주 본가에 가서 김장 김치를 받아오고 주일을 보낸 다음 출근했는데, 저녁부터 슬슬 열이 나기 시작했던 것이다.

"월요일부터 또 야근이네" 하며 저녁 식사로 칼국수를 먹고 사무실로 돌아왔다. 저녁 먹기 전에 처음이자 마지막으로 등록한 헬스장에 다녀오기도 했는데, 문득 등이 으스스해지는 느낌이 들었다. 느낌이 좋지 않았다. 당시 사무실에선 몸살이 유행하고 있었다. 상무님이 며칠 몸살을 앓으셨는데, 나도 며칠 무리했더니 감기에 걸렸다 싶었다. 그날은 야근을 접고 퇴근하기로 마음먹었다. 집에 있을 아내에게 전화를 걸었다.

"여보, 지금 내 몸이 너무 안 좋은데, 몸살 같아. 집에 가다가 약국 들러 약 사먹고 갈 테니까, 우림이랑 요한이랑 나 때문에 감기 옮을지 모르니까 당신은 애들 데리고 오늘 밤은 처형 집 가서 자고 와요. 내가 뭐 필요하면 전화할게."

처형 댁은 우리집에서 골목을 몇 구비 돌아가면 될 만큼 가깝다. 아내에게 처형은 단순한 언니가 아니다. 나이 차가 좀 나서이기도 하지만, 거의 친정엄마나 다름없는 존재다. 나 역시 처형은 가까운 가족일 뿐 아니라, 특히 믿음의 선배로서 의지할 대상이기도 하다. 가족이 처형 댁에 가서 자는 일이 흔하진 않았지만, 그렇다고 어색한 일도 아니었다.

아내에게 전화하고 바로 택시를 탔다. 정신이 없었다. 집으로 가는 길가 골목 입구에 있는 서초당이라는 약국이 늦게까지 문을 열고 있었다. 몸살 약을 달라고 말할 필요도 없었던 것 같다. 약사 앞에서 "으으으… 몸이…"라고 말할 때 오한(惡寒)이 들이닥쳐 몸이 부들부들 떨렸다. 간신히 집에 들어와 이불을 뒤집어쓰고 누웠다. 밤새 끙끙 앓았다.

다음날 아침, 전화기가 울렸다. 간신히 눈을 뜨니 이미 회사에 가 있어야 할 시간이 지났다. 하지만 손가락 하나 꿈쩍할 수 없었다. 당연히 전화는 받지 못했다. 잠시 후, 10시에서 11시 사이쯤 되었을 무렵, 아내가 달려왔다. 별 일 없으면 새벽같이 알아서 출근했을 사람이 전화조차 받지 않으니 혹시나 해서 달려온 것이다.

아내는 내 얼굴을 보자마자 소스라치듯 놀랐다.

"아니, 당신 얼굴이 왜 이래요?"

땀범벅이 된 내 얼굴에 검은 반점이 났다고 했다. 나는 당황하는 아내를 진정시켰다.

"별 일 아니겠지. 그냥 몸살인데 뭐. 약 먹고 잤으니 괜

찾아지겠지."

　나는 평소 건강에는 자신이 있었다. 조금 아프고 불편해도 "별 거 아니야" 하는 말을 입에 달고 살았다. 하지만 그날은 그래선 안 되는 거였다. 만약, 그날 아침에 아내가 전화하는 걸 내가 일어나 받았다면, 틀림없이 "됐어, 별 거 아니야. 안 와도 돼" 했을 것이다. 그랬다면, 어쩌면, 나는 지금 이 글을 쓰고 있지 못할지도 모른다. 내가 너무 아파 전화를 받지 못했으니 아내가 왔고 119 구급차를 불렀으니 살았지, 아니면…. 그럴 만큼, 그때 나는 내 몸이 얼마나 심각한 상태인지 알지 못했다. 알 수도 물론 없었다.

　식탁에 겨우 앉아 "어우 힘들어" 하며 숨을 고르는데, 요한이가 내게 기어오는 모습이 보였다. 아이를 안을 힘은 아직 남아 있었다. 잠시 후 구급대원이 집에 도착하자 안고 있던 요한을 내려놓고 구급차에 몸을 실었다. 아내가 구급차에 동승하고 요한은 처형이 넘겨받았다. 응급실로 달려가는 동안 "살다 살다 내가 119 차를 탈 줄은 몰랐네" 하는 농담까지 뱉었는데, 정신이 점점 몽롱해졌다.

　응급실에 도착한 것까지는 얼추 기억이 난다. 하지만 의식이 다시 돌아올 때까지, 약 3주간의 기억은 제대로 없다. 사지가 썩어 들어가는 동안, 주님의 심판대 앞에 선 것 같은 기억만 환상처럼 흐릿할 뿐이다.

심장을 살린 승압제의 부작용

내가 응급실에 들어온 그날, 의사는 아내에게 "빠르면 그날 밤이 깊어지기 전에, 길어야 다음날 해를 보기 전에 남편의 임종을 볼 수도 있다"라고 말했다. 파주에서 가족이, 회사에서 동료들이, 교회에서 교우들이 급히 달려왔다.

나는 응급실에 들어서자마자 호흡이 거칠어졌다고 한다. 의사들은 인공호흡부터 해야 했다. 나도 모르게 항문이 열리고 변이 나왔는데, 피가 섞여 있었다고 했다. 혈변(血便)이었다. 온몸이 순식간에 까맣게 변하기 시작했다. 전형적인 급성 패혈증(肺血症, Sepsis)이었다. 훗날 아내가 들려준 입원 당일 응급실의 상황이다.

패혈증이란 병원균이 혈관을 통해 온몸을 타고 돌아 전신에 염증 반응이 나타나는 무서운 병이다. 나는 어려서 사고로 비장을 다쳐 비장이 없는 몸이라 감염엔 더 치명적이다. 하지만 비장 없이 산 지 20년이 넘었을 때였으므로, 단지 비장 탓만은 아니었을 것이다. 과로로 피로가 쌓인 상태에서 호흡기나 음식을 통해 들어온 세균을 몸이 견뎌내지 못했을 것이다.

헬스장에서 운동하던 첫날, 사우나에서 샤워할 때 물이 차가웠다. 그것 때문이었을까? 의사는 흡입성 폐렴구균(또는 폐구균)을 원인으로 추정했다. 패혈증은 익히지 않은 조개 같은 생선을 먹을 때 비브리오균에 감염돼 생길 수도 있지만, 당시 그럴 정도로 날것을 먹은 기억은 없다.

패혈증의 원인은 대개 발병 후 3일 만에 피 검사를 통해 알 수 있다. 문제는 검사 결과가 나오기도 전에 사망할 수 있는 것이다. 죽은 다음에야 발병 원인을 알게 되는 것이다. 그래서 패혈증 증세를 보이면 일반적으로 발병의 원인으로 꼽히는 균에 대한 모든 항생제를 대거 투입한다. 비브리오균, 폐구균, 포도상균을 비롯한 각종 감염원 중에 어느 것일지 알 수 없는 상태이지만, 일단 무슨 항생제든 투여하고 보는 것이다. 그만큼 급박하고 심각한 질병이다. 그래서 패혈증에 걸리면 사망할 확률이 높다. 하지만, 죽지 않고 살아도 치료하는 과정에서 심장에서 거리가 먼 지체부터 피가 통하지 못해 괴사하여 결국 손이나 발을 자를 수도 있다.

치료 도중 손과 발이 빠르게 썩어가는 이유는 갑자기

혈압이 떨어져 어쩔 수 없이 '승압제'(昇壓劑])를 쓰기 때문이다. 승압제란 심장을 보호하기 위해 모든 피를 심장으로 보내는 약이다.

승압제의 부작용은 제법 심각하다. 그래서 승압제를 쓰려면 보호자의 동의가 필요하다. 의사는 아내에게 승압제 투여를 위해 남편의 상황을 설명했다.

"이 사람은 제대로 살기 어렵습니다. 죽지 않고 연명을 하게 되더라도 사람답게 살기 힘들 수 있고요."

아내는 무조건 살리라고 했다. 손과 발이 괴사될지 몰라도, 우선 살리고 보려면 승압제 투여에 동의해야 했다. 사실상 극약처방이다. 그러니 의사는 내가 응급실에 들어온 그날 밤을 넘기기 어렵다고 본 것이다. 하지만 내 생명은 혼수상태에서도 며칠을 이어갔다.

날이 갈수록 내 몸은 흑인의 피부보다 검게 변해갔다. 머리는 선풍기 아줌마처럼 부어올랐다. 항생제와 수액이 계속 들어오는데, 신장이 감당하기 힘들 정도라서 제 기능을 못 했기 때문이었을 거다.

중환자실에 들어온 친지들은 나를 알아보지 못했다. 내 몸의 생명은 기계와 약물이 유지하고 있었다. 연명치료나 다름없었다. 그렇게 3주간, 나는 의식이 전혀 없었다.

연명치료를 중단했다면, 내 영혼은 그때 이미 '하나님 앞에' 갔을 것이다.

2장

제발 저 좀
살려주세요!

. . .

3주간, 나는 긴 꿈을 꾸었다. 꿈이라고 말하기도 애매하지만, 일단 꿈이었다고 말해두자. 그 꿈은 길고 괴로웠다. 누가 내 몸을 칼로 여러 차례 베는 것 같은 고통도 느꼈다. 지옥이 따로 없었다. 내가 비극의 주인공인 대하 드라마를 보는 것 같았다.

그 드라마에서 나는 남미 어느 나라에 출장 갔다가 누군가에게 납치되었다. 멕시코 만 어디쯤 같아 보였다. 납치돼 감시를 당한 세월이 2년은 족히 된 것처럼 길게 느껴졌다. 한국에서 내가 누군가를 죽이고 멕시코로 도망갔다는 뉴스가 방송에 나왔다. 나는 그 방송을 병실 침대에서 보고 있었다. 아기 요한이 그 병실을 걸어 다니고 있었다. 응급실에 오던 날 내게 기어오던 요한이가 언제 저렇게 컸나 싶었다. 그런데 갑자기 아내가 요한을 들어 안더니 차갑게 쏘아붙였다.

"당신이 나를 버렸잖아요!"

이별을 통보한 것이다. 아내는 내가 배신하고 외국으로 떠났으니 나를 떠나겠다고 선언했다. 나는 그게 아니라고 소리치려 했고, 아내를 붙잡으려고 몸부림쳐보았다. 하지만 입과 몸은 뜻대로 움직이지 않았다. 미칠 것 같았다. 나가버린 아내를 불러달라고 말하려 했지만 목소리는 전혀 나오지 않았다. 사람들이 일어서려는 나를 눌러 침대에 다시 눕혔다. 하긴 일어설 힘도 전혀 없었다.

사람들은 의식불명인 채로 누워 있던 내가 종종 발광하듯 소리 지르고 몸부림을 쳤다고 했다. 아마 무의식 상태에서 그런 환상을 보고 있을 때가 아니었을까? 어디가 환상이고 어디가 현실 같았는지, 나는 지금도 구분하지 못한다. 그저 생생한 꿈을 꾼 듯, 기억에만 어렴풋이 남아 있을 뿐이다.

내가 몸부림칠 때, 내 몸을 아마 침대에 묶었던 것 같다. 환상 속에서도 나는 침대에 묶여 있곤 했는데, 누군가 들락거리며 내게 무슨 의학 실험을 하는 것 같았다. 그럴 때는 의사나 간호사가 내 상태를 둘러보고 주사를 놓기도 했을 것이다. 아마도 얼핏 의식이 깰 때 본 실제 상황을 환상처럼 느낀 것인지도 모르겠다.

"여기는 심판대다"

내 주변엔 늘 첩보영화의 요원처럼 생긴 감시원들이 있었다. 때론 천사 같기도 했지만, 경비원이거나 간호사 같을 때가 더 많았다. 하루는 그들이 나를 어디론가 데려갔다. 그곳은 성스러운 장소라고 미리 일러주었다. 미래의 우주 정거장처럼 보이는 첨단 시설 같기도 했고, 고풍스러운 느낌이 들기도 했다. 분위기가 묘했다.

그곳엔 나를 이끌던 이들 외에도 사람들이 많았다. 그들이 입은 옷은 SF 영화 주인공의 우주복 같기도 했고, 중세의 수도자들이 입는 옷 같기도 했다. 모든 것이 신기했다. 인도자들은 그들이 고귀한 자들이라고 내게 설명했다. 그들이 나를 가운데 세우더니 기도하기 시작했다. 내 몸은 어느새 깨끗하게 나았는지 꼿꼿이 서서 그들의 기도를 듣고 있었다. 한참 뒤, 그들이 내게 말했다.

"이 단계를 통과해야 한다."

곧 무슨 의식이 있을 거라고 했다. 어떤 이가 내게 다가오더니 뜬금없이 "아내를 버리겠느냐?"라는 질문을 했다. 버리지 않으면 내가 죽는다고 협박했다. 아내에게 미안했지만, 그때는 살기 위해 그러겠노라고 답했다. 그러고 보니, 내가 아내를 배신했다는 오해를 받은 건 그 일 때문(?) 같기도 하다.

누군가 내게 사진 한 장을 보여주었다. 역겹고 끔찍한 모습이었는데, 구체적으로 기억나지 않아 설명하기 어렵다. 그 사진을 보여준 이가 내게 이렇게 질문한 것은 기억이 난다.

"너 이렇게 되고 싶어? 이렇게 살래?"

나는 당연히 그렇게 되고 싶지 않다고 진저리를 치며 말했다. 역겨운 모습의 주인공은 다름 아닌 나였다. 내가 어떤 끔찍한 모습으로 변해버린 것이었다. 환상 속에서도 나는 그렇게 되기 싫다고 발악하다시피 외쳤다. 그러자 그들은 내게 훈련이 시작된다고 말했다.

나는 장막 같은 곳으로 걸어 들어가야 했다. 장막을 지날 때 공포가 밀려왔다. 장막을 지나면, 지나온 장막은 금세 사라졌다. 하지만 또 다른 장막이 바로 나타났다. 장막을 거칠 때마다 새로운 공포가 찾아왔다. 나는 그렇게 두려움이 반복되는 과정을 견뎌야 했던 것 같다.

장막의 길을 지나자 바닥에 대리석이 깔린 성스러운 공간이 나타났다. 모습은 보이지 않는데, 왁자지껄, 사람들의 목소리가 들렸다. 그 중 한 목소리가 내게 말했다.

"여기는 심판대다. 네게 물을 것이다. 너는 답하라."

나는 그 질문이 무엇일지 두려웠다. 첫 질문은 의외로 쉬운 것이라 다행이다 싶었다.

"네가 믿는 하나님이 누구시냐?"

창세기 1장이 금세 떠올랐다.

"하나님은 천지를 창조하신 창조주이십니다. 나를 지으시고, 나를 나보다 더 많이 아시는 분이십니다. 전지전능하시고 이 세상을 진정으로 사랑하시는 사랑의 하나님이시지요. 그래서 예수님을 이 땅에 보내셨습니다."

정말 살고 싶었던 것 같다. 이 정도 쉬운 질문도 모른다고 답하면 지옥에 갈 것 같았다. 나는 기억나는 대로, 세례받을 때 목사님 앞에서 문답할 때와 비교할 수 없을 정도로 열심히 답을 말했다. 그러자 그 목소리가 잘했다고 칭찬해주었다. 역시 내가 답을 잘한 것 같았다.

다음 질문이 이어졌다. 이후 여러 개의 질문이 계속 이어졌는데, 질문 내용은 다 기억나지 않는다. 나머지 질문들에도 대부분 답은 잘했던 것 같다. 다만, 바벨탑과 관련된 질문이 나왔을 때, 내가 그 질문의 답을 몰랐던 것도 아닌데, 이상하게 답할 수가 없었다.

바로 답을 하지 못하자 목소리가 나를 비난하기 시작했다. 불합격이라고, 탈락이라고, 통과시킬 수 없다는 목소리들이 여기저기서 들려왔다. 나는 당황했고 두려워졌다. 그 중 한 목소리가 변호사인 것처럼 나를 불러 세웠다.

"하지만 네가 그 어려운 과정을 통과했으니 한 번 더 기회를 주겠노라."

그러더니, "하나님이 누구시냐"라고 묻던 첫 번째 질문부터 다시 하기 시작했다. 나는 못할 것이 없다고 생각했는지 술술 답을 이어갔다. 처음 질문을 받았을 때보다 여유를 느꼈고, 기출문제 같아 어렵지 않았다. 그런데 갑자기 그 목소리가 화를 내기 시작했다. 똑같은 질문에 똑같은 답을 했는데, 이번엔 다 틀렸다는 것이다. 이해할 수 없었다.

생명의 마지막 공간에서

지금 생각해보니, 처음 질문을 받을 때 답을 하는 내 태도는 몹시 간절했고 겸손했다. 하지만 두 번째로 같은 질문을 받을 때는 만만하게 본 것 같다. 그리 간절하지 않았던 것이다. 교만해졌을 것이다. 그것이 문제였을까? 나는 바로 끌려 나갔다.

문이 열리더니, 인도자들이 나를 방 같은 곳에 밀어 넣었다. 문이 닫히자, 그곳은 엘리베이터 같아 보였다. 무척 빠른 속도로 땅 속 지하 어디론가로 나를 데리고 가는 것 같았다. 불안하고 겁이 나 그 안에서 기도를 하려 했다. 하지만 역시 말문은 터지지 않았다. 기도해야 한다는 생각만 앞섰을 뿐, 나는 간절히 기도하지도 않고 있었다.

그러는 사이, 어느새 엘리베이터가 멈춘 것 같았다. 문이 열리더니, 나는 순식간에 아무도, 아무것도 없는 것 같은 캄캄한 공간에 내버려졌다. 빛도 바람도 공기도 없고, 심지어 내가 인식하는 나조차 없는 허무한 공간 같았다. 그저 아무것도 없다는 걸 느끼는 내 의식만 존재할 뿐이었다. 그때 문득 깨달았다.

'아, 이곳이 내 생명의 마지막 공간인가 보다. 저 어둠 너머가 세상의 끝이고, 내 인생의 끝이겠구나.'

울음도 나오지 않았다. 울음이 터질 때보다 슬펐고, 우는 것보다 더욱 간절해졌다. 드디어 갈급했던 기도가 터져 나왔다. 입을 열어 소리를 내 기도할 수 있다는 게 이렇게 속 시원하고 감사하고 좋을 줄은 미처 몰랐다.

"하나님! 주님! 제발 저를 살려주십시오! 용서해주십시오. 하나님에 대해 잘 알지 못해 제대로 답하지 못한 저를 불쌍히 여겨주십시오. 하나님, 제가 더 살 이유가 없다면 이제 저를 여기서 데려가십시오. 하지만 하나님! 혹시 하나님께서 저를 더 쓰실 계획이 있으시다면, 제가 이 세상에 아직 할 일이 남아 있다면, 그렇다면 저를 살려주십시오. 제 모든 것을 주님께 맡깁니다!"

기도를 마치기도 전에, 통곡보다 깊은 통곡이 터져 나왔다. 신음보다 큰 울음 소리가 어두운 공간을 채워나갔다. 나는 정말 살고 싶었다. 하지만 이제는 내가 살고 싶어서 살려는 것이 아니었다. 주님이 나를 통해 하실 일이 있으면, 내가 세상에 아직 할 일이 남아 있다면, 주님이 나를 통해 사시라고, 주님이 내 안에서 사시기 위해 내가 살고 싶었다. 나는 그런 심정으로 토악질하듯 기도했다.

"주님! 제발 저를 좀 살려주세요!"

그 순간, 꽉 막힌 가래를 뱉어내듯, 오래 목이 잠겨 말하지 못하던 음성이 풀려 노래까지 시원스레 부를 수 있게 되는 것처럼, 답답한 느낌은 사라지고 청량한 공기가 목구멍을 타고 쑤욱 들어오는 것만 같았다. 마치 목을 짓누르고 조르고 있던 끈이 풀린 것 같기도 하고, 내 목에 들어와 있던 호스 같은 것이 빠져나가는 시원한 느낌이기도 했다.

그 느낌은 사실이었다. 내가 의식이 돌아오고 스스로 호흡하기 시작했다고 판단한 의사가 내 목에 넣은 삽관을 빼는 바로 그 순간이었다. 내가 3주 만에 깨어나는 상황이기도 했다. 나는 그렇게 다시 살았다.

기도 삽관을 빼는 순간에

나는 의식을 잃은 뒤부터 기도 삽관으로 호흡기와 유동식을 주입받고 있었다. 하지만 기도 삽관을 오래 하면 감염될 수 있다. 그래서 나 같은 장기간 의식 불명인 중환자는 목을 뚫는 편이 나을 수 있다. 하지만 아내는 반대했다. 의사는 "어서 목을 뚫자", 아내는 "아직 안 된다", 그렇게 사나흘이 흐르자 의사는 도무지 그대로 둘 수 없다고 선포했고, 아내도 동의하려던 날이 내가 깨어나고 호스를 뺀 바로 그날이었다.

그날 아내는 정신없이 기도했고, 나는 무의식 속에서 기도하고 있었다. 그런데 호스가 입 밖으로 나올 때 내 의식은 돌아왔고 스스로 호흡하기 시작했다. 아내는 의사로부터 내가 깨어났다는 연락을 받고 펑펑 울었다고 한다.

"하나님, 감사합니다! 정말 감사합니다."

아내는 하나님이 살아계시고 나를 위해 일하신다는 말씀이 참인 것을 그날 실감하였다.

3장

자르지 않고
살릴 방도는 없나요?

· · ·

나는 눈은 떴지만, 곧 다시 잠이 들었다. 3주간이나 의식 없이 누워 있었으니 몸과 정신이 금세 회복되긴 어려웠으리라.

중환자실엔 어떤 보호자도 24시간 있을 수 없다. 내가 깼어도, 아내는 여전히 하루 두 번, 면회시간에나 나를 볼 수 있었다.

하루는 면회시간이 되었는지, 누가 내 머리를 쓰다듬고 있다는 것이 느껴져 슬그머니 눈이 떠졌다. 깨어난 다음에도 세상은 한동안 파란색 혹은 녹색투성이였는데, 그때 내 머리를 쓰다듬던 이도 슈렉 같았다. 온몸이 녹색으로 보인 그 분은 회사의 여성 상사인 P 국장님이셨다.

'P 국장님이 왜 여기에? 게다가 몸은 왜 초록색이야?'

아내일 리 없다고 생각했다. 아내는 3주간의 긴 꿈속에서 나를 떠나간 사람이었다. 그렇다고 해도 P 국장님이 내 머리를 쓰다듬는 건 도무지 어울리지 않는 상황이었다. 그녀가 속삭였다.

"힘들었지? 나야!"

"국장님이 여긴 웬일이셔요?"

나는 희미한 음성으로 물었다. 아내는 놀랐다. 의사는 내가 패혈증으로 쓰러질 때 뇌에도 충격을 받았을 수 있다고 예상했기 때문이다. 오래 의식을 잃고 있으면 깨어나도 정신이 금세 돌아오는 건 아닌 것 같다.

아내를 국장님으로 오해했다니, 그건 다행히 일종의 섬망이었다. 수술이나 오랜 의식불명 상태에서 깰 때, 의식이 돌아오는 과정에서 생기는 정신분열 상태 비슷한 현상이라고 보면 되겠다. 헛소리를 하거나 괜한 고집을 피우기도 한다.

"여보, 나야! 장시은!"

'아, 아내가 나를 버리고 떠난 것이 아니었구나.'

순간 안심이 됐다. 사실 아내는 내가 쓰러진 후, 내 곁을 거의 떠나지 않았다. 몸이 아니면 마음속에서라도, 지금도 그런 것처럼….

까맣게 된 건 다 잘라내야 하는데

꿈에서 깬 내가 오히려 살아난 나와 내 곁에 있는 아내를 신기해했다. 아내에게 엉뚱한 질문을 했다.

"당신 어디 갔다 왔어?"

"무슨 소리야? 당신이 정신 잃고 지금 깨어난 건데, 나야 당신 곁에 계속 있었지."

"내가 어떻게 된 거야? 무슨 일이 있었던 거야?"

그때는 아무 기억이 나지 않았다.

"나중에 다시 이야기해줄게. 당신 많이, 좀 오랫동안 아팠어."

3주 만에 깬 남편이었지만, 면회시간은 고작 30분가량이었다. 아내는 이것저것 챙겨준 다음 병실을 나갔고, 다시 나 홀로 남았다. 문득 팔이 불편하다고 느꼈다. 하지만 마음대로 움직여지지 않았다. 다리는 아무 감각이 없었다. 고개를 슬며시 드니 손이 보였다. 수포 같은 물집이 가득했다. 색은 까맸다. 화생방 공격을 받으면 피부가 검게 변하고 물집이 생길 수 있다. 군대 시절에 배운 지식이 문득 생각났다.

'내게 도대체 무슨 일이 일어난 거지?'

일주일쯤 지나자 성형외과와 정형외과 전문의들이 찾아오기 시작했다. 나는 소화기 감염내과 환자인데, 저들이 왜 오나 싶었다. 성형외과 의사는 "심각하네…" 하고 혼잣말을 하더니, 급해 보였는지 죽은 피부 조직 일부를 가위로 도려냈다. 통증은 없었다. 정형외과 의사는 더 심각한 말을 했다.

"까맣게 된 건 다 잘라내야 하는데."

그는 아마 내가 잠들어 있거나 여전히 의식이 없는 상태라고 여겼을 것이다. 하지만 나는 중환자실에서도 깨어 있었다. 눈은 감았어도 귀로는 다 듣고 있던 나로선 충격이었다.

'아, 이건 무슨 소린가? 다 자른다고? 나는 내가 나아지는 건 줄 알았는데….'

까맣다는 건 양쪽 팔, 양쪽 다리 모두였다. 그렇다면 팔과 다리를 다 자른다는 것인가? 하지만 아직 기력이 없던 나는 아무 말도 못했고, 누구에게 묻고 싶어도 답해줄 사람이 곁에 없었다. 의사들이 떠난 후, 간호사가 다가왔다.

나는 그를 쳐다보며 물었다.

"간호사님, 저기 내 팔과 다리, 까맣게 된 거 다 잘라야 한다는데, 맞아요?"

간호사 표정이 복잡해 보였다.

"미안한데, 저는 잘 모르겠어요. 그래도 다 살 길이 있을 거예요."

처치를 마친 간호사가 서둘러 자리를 떴다. 잠시 뒤, 면회 시간이 돌아왔는지 아내가 들어왔다. 아내는 내 팔과 다리를 잘라야 한다는 걸 이미 들어 알고 있었지만, 나는 아내가 모르는 줄 알았다.

"여보, 의사들이 그러는데, 내 팔 하고 다리 까맣게 된 거 다 잘라야 한다는데? 당신 알았어?"

아내는 울지도 답하지도 않았다. 표정은 복잡하지도 어색하지도 않았다. 궁금하리만치 담담해 보였다.

사실 그 무렵, 아내는 내가 입원해 있던 병원이 아닌 여타 병원을 수소문하며 발이 붓도록 뛰어다니고 있었다. 혹시나 해서였다.

"팔과 다리를 자르지 않고 살릴 방도는 없을까요?"

혈관을 뚫어 피가 통하도록 해 살려낼 순 없는지, 그렇게 하면 죽은 살이 살아날 수 있는지…. 그러나 다른 방도는 없었다. 이 병원, 저 병원, 발 동동거리며 가보지 않은 병원이 거의 없었다. 오히려 "주변에 남자 없냐?"라는 험한 소리까지 들었다고 했다. 이상한 말이 아니었다. 그토록 힘든 상황에서 중요한 결정을 내려야 할 일을, 가녀린 여인 혼자 알아보러 다니는 모습이 측은해 보여 한 말이었다. 아내는 아무도 말릴 수 없었다.

그리고 일주일 뒤, 나는 일반 병실로 옮겨졌다. 나는 스스로 아무것도, 아무 결정도 못하는 입장이었고, 아내는 드디어 결심이 선 것 같았다. 여러 병원을 다니며 알아본 결과, 자르는 것 외에 대안이 없다는 걸 사실로 받아들였기 때문이었다.

이제는 내가 사는 것이 아니요

절단 수술은 한번에, 한꺼번에 한다고 했다. 팔 하나, 다리 하나씩 나눠 수술할 수도 있지만, 그러면 매 번 마취해야 하고, 수술할 때마다 팔 하나, 다리 하나씩 사라지는 걸 보는 고통을 반복해 느껴야 한다. 어차피 할 일, 차라리 한 번에 하는 게 환자의 고통을 더는 길이라고 했다. 일반 병실로 옮긴 건, 어느 정도 의식과 몸을 회복한 상태에서 수술 준비를 하기 위함이었다.

나는 절단 수술을 앞둔 나보다 아내가 더 안쓰러웠다. 어떻게든 나를 살려보려고, 자르지 않을 방법은 없는지 백방으로 알아보러 뛰어다니는 아내가 불쌍하기까지 했다. 아내를 더 힘들게 하고 싶지 않았다.

"여보, 수술 받자. 늦출수록 악화될 수 있다잖아."

아내는 내 앞에서 결국 울었다. 어쩔 수 없다는 건 이미 알았지만, 그래도 실오라기 한 줄이라도 찾아 매달리고 싶은 심정이었을 것이다. 나 또한 그랬다. 하지만 그 상황에서 다른 건 생각할 수 없었다. 목숨은 살아야 하지 않는가?

죽음 같은 혼수상태에서, 암흑 같고 지옥 같던 그곳에서 살려달라고 기도할 때, 사실 나는 이미 죽은 것이나 다름없었다.

3주 만에 깨어난 뒤, 내가 사는 건 이제 더 이상 내가 사는 것이 아니었다. 나는 죽고, 내 안에서 그분이 사시는 것이었다. 이제 나는 더 이상 내가 아니었다. 그분이 사시는 나라야 의미가 있다.

이제는 더 쓸 수 없게 된, 까맣게 타버린 팔과 다리를 잘라내는 건 오히려 내가 사는 길이었다. 그 또한 내 안에 참 주인이 되신 그분이 주인으로서 사시는 길이었다.

나는 그 비밀을, 재활하며 성경을 다시 읽을 때 찾아 읽었다. 신약성경의 갈라디아서 2장 20절 말씀이다.

내가 그리스도와 함께 십자가에 못 박혔나니
그런즉 이제는 내가 사는 것이 아니요
오직 내 안에 그리스도께서 사시는 것이라
이제 내가 육체 가운데 사는 것은
나를 사랑하사 나를 위하여 자기 자신을 버리신
하나님의 아들을 믿는 믿음 안에서 사는 것이라

내가 죽고 내 안에 대신 사시는 그분은 하나님의 아들이시다. 예수 그리스도, 십자가에서 내 죄를 대신해 팔에 못 박히고 다리에도 못이 박혀 매달려 피 흘리시고, 죽음을 확인하려고 로마 병정이 옆구리를 창으로 찌르기까지 했던 분이다. 그분이 내 안에서 사신다. 내 팔과 다리의 일부가 잘려나간들, 그분이 내 안에서 사신다는 영광스러운 사실에는 변함이 없을 것이다.

팔다리가 잘리면 어떻게 사나?

어느덧 계절은 깊은 겨울이 됐다. 성탄절이 가까워오고 있었다. 내 안에 사시는 그분이 세상에 오셨다는 그날이다. 12월 22일은 그날보다 사흘 앞서 왔다. 수술을 하기로 정한 날이었다. 회사와 교회에 소식이 전해졌다.

문득 슬프고 두려웠다. 수술을 앞두고 돌아온 중환자실에 24시간 불이 켜 있는 탓이기도 했지만, 좀처럼 잠이 오지 않았다. 깨어 있어도 잠든 것 같고, 곤해져 잠들어도 깬 것 같았다.

중환자실은 맑은 정신으로 있을 곳이 못 된다. 그래서 어쩌면 의사들이 환자의 감각이 무뎌지도록 수면제 같은 약을 투여하는 것일 수 있고, 사실 모든 약 자체가 사람을 지치게 해 깨어 있기 어렵게 한다. 마치 생각 자체를 하지 못하게 돕는 것 같기도 했다.

며칠간 일반 병실에 옮겨졌을 땐 간병인과 이런저런 이야기도 나누었는데, 중환자실에선 누구하고도 대화를 할 수 없었다. 더구나 의식을 회복한 상태에서 '그런' 수술을 앞두었으니, 내가 할 일은 염려와 기도뿐이었다.

'팔다리가 잘리면 어떻게 사나? 건강은 회복할 수 있을까? 다시 일상으로 돌아갈 수나 있을까? 회사엔 복귀

할 수 없겠지? 그 복잡하고 어려운 회사 일을 이제 어떻게 하겠어? 그럼 어떻게 살지? 아내 장시은은, 딸 우림이는, 아직 돌도 안 된 요한이는 누가 돌보나? 그래도 주님이 나를 아시겠지? 나를 보호해주시겠지? 나를 돌아보고 계시겠지?'

22일, 우리 부부를 위로하려는 사람은 전혀 없어 보였다. 누가 할 수 있었겠는가? 위로조차 못하는 순간이, 그럴 만치 심각한 상황이 인생엔 있을 수 있다는 걸 그날 나는 처음 알았다.

마취 주사를 놓는 것 같았다. 호흡기가 입을 막았다. 나는 다시 깊은 잠에 빠져들었다. 지난 며칠간, 자고 싶어도 잠들지 못했던 숙면이었다.

4장

감당할 만하니까
당하는 고난이라니

. . .

깊은 잠에서 깨어난 나는 이전에 느껴본 적이 없는 이상한 느낌의 이유가 궁금해졌다. 팔과 다리가 붕대에 싸인게 눈에 보였다. 짧아진 팔과 다리가 그 이상한 느낌의 이유 같았다.

절반쯤 사라진 팔과 다리가 남긴 허공에서 찌릿한 통증이 신호를 보냈다. 그럴 리가 없었다. 잘라진 신체에 무슨 통증이 있을 것인가? 다리는 잘려 보이지도 않는데, 마치 여전히 붙어 있어 쑤시는 것 같았다.

그건 '환상통'이었다. 줄임말로 환통(幻痛). 어떤 이는 지체를 자른 뒤 1년 넘도록 그걸 느끼기도 한다는데, 수

. . .

술 당일에 그 느낌이 없었다면 오히려 이상했을 것이다.

없어진 발바닥이 가려웠다. 사라진 손등이 간지러웠다. 그러나, 아니 그러니 긁을 수도 없었다. 없어졌는데 여전히 있는 것 같은 이상한 느낌이다. 그건 사람을 미치게 만드는 극한의 공포, 그 자체였다. 때론 보이는 것보다 보이지 않는 것이 더 실체 같고, 없는 것이 더 실제처럼 느껴지기도 한다더니, 그게 이런 것이었다.

실제로 아프고 가려운 건 잘린 부위였을 것이다. 무통제(無痛) 주사제가 수액을 통해 쉬지 않고 들어가고 있었다. 가슴이 뛰었다. 나는 여전히 살아 있었다. 고통은 심했지만 죽은 건 아니었다. 그러니 어쩌면 그 고통은 시험이었다. 다만 풀기 어려운 문제이고 감당하기 어려운 도전이다. 나는 이 시험을 견딜 수 있을까? 감당할 힘이나 남아 있을까?

왼팔은 엄지와 약지를 빼고 한 마디씩만 남았고, 오른팔은 팔꿈치 아래부터 잘렸으며, 다리는 왼쪽은 허벅지 아래, 오른쪽은 무릎 아래로 다 잘렸다. 그런데, 어떻게 무얼 감당하라는 거지? 시험이라면 답이 있어야 하지 않은가? 시험이 주어졌다면, 내가 그걸 감당할 수 있어야 하는 것이 아닐까? 그런데, 하필 왜 나인가?

시험 당한 즈음에 또한

사도 바울이란 사람이 나와 같은 고통을 겪어보았는지
잘 모르겠지만, 그가 한 말이 가슴을 쳤다. 고린도전서 10
장 13절 말씀이다.

> 사람이 감당할 시험 밖에는 너희가 당한 것이 없나니 오
> 직 하나님은 미쁘사 너희가 감당하지 못할 시험 당함을
> 허락하지 아니하시고 시험 당할 즈음에 또한 피할 길을
> 내사 너희로 능히 감당하게 하시느니라 _고린도전서 10:13

내가 이런 시험을 당할 거라는 통보를 미리 받았다면,
나는 감당하지 못하겠다고 거부했을 것이다. 지금도 마
찬가지이다. 이것이 어떻게 사람이 감당할 시험일 수 있
는가?

감당하지 못할 시험은 당한 것이 없다고? 나는 분명히
당하지 않았는가? 원인도 모르는 사이에 병균이 침입했
고, 나는 쓰러졌다. 조금도 대항할 수 없었다. 하지만 하
나님이 허락하신 일이라면? 그래도 앞뒤가 맞지 않는다.
말도 안 된다.

시험 당할 즈음에 피할 길을 내신다고? 피할 길을 보

여주셔서 피했다면 오늘처럼 팔과 다리를 절단했을 것인가? 절단해야 한다는 말을 들은 아내는 피할 길을 숱하게 찾아다니지 않았던가? 그러나 피할 길은 없었다. 적어도 사람의 눈에는.

그렇다면 피할 길은 무엇이고 감당한다는 것은 또한 무엇인가? 바울이라는 사람은 도대체 무슨 말을 한 것일까?

훗날, 나는 이 말씀을 새번역으로 찾아보았다.

여러분은 사람이 흔히 겪는 시련 밖에 다른 시련을 당한 적이 없습니다. 하나님은 신실하십니다. 여러분이 감당할 수 있는 능력 이상으로 시련을 겪는 것을 하나님은 허락하지 않으십니다. 하나님께서는 시련과 함께 그것을 벗어날 길도 마련해 주셔서, 여러분이 그 시련을 견디어낼 수 있게 해주십니다._고린도전서 10:13, 새번역

시련을 아예 벗어나는 것은 아니었다. 사람은 시련을 겪을 수 있다. 심지어 내가 겪은 것과 유사한 일도, 그보다 심한 일도 당할 수 있다. 단, 하나님은 시련과 더불어 벗어날 길, 즉 그 시련을 견딜 수 있는 방도나 힘을 주신다는 말씀이라고 이해되었다.

어쨌든, 내 몸에 생긴 '공간'들을 나는 견디기 어려웠다. 사도 바울의 고백이 그때도 지금도 내 고백과 같다고 고백하지만, 실제의 고통과 환상의 고통이 맞물리면서 나는 괴로워했다. 시인 윤동주처럼 바람에 이는 잎새를 본 것도 아닌데, 보이지 않게 된 내 몸의 일부가 보내오는 통증의 아우성이 괴로웠다.

나를 담당한 모든 과의 의사들이 협진이라는 명목으로 나를 찾아와 진찰했다. 그들은 그때 내가 읊조린 기도와 성경 암송을 괴로워 내뱉는 신음으로 들었을 것이다.

나는 그때 진실로 주님을 간절히 찾고 있었다. 왜 이런 일을 당하는지 이유는 알 수 없지만, 나는 도무지 감당할 수 없지만, 하나님이 피할 길을 주신다고 하셨으니 피하게 하실 것이고, 견디게 하신다니 견뎌볼 것이다.

그래도 나는 내 힘으론 못하겠으니 이런 기도만 했던 것 같다.

"하나님이 하시겠지요, 하나님이 하시겠지요, 시험을 당하는 즈음이니 피할 길을 내시겠지요."

그게 신음이었다면, 나는 실로 깊이 신음한 것이다.

삶이 어렵다고 말할 때

그날 바울의 고백 말고도 계속 읊조린 말씀이 또 있었다. 평소 외우던 거의 유일한 성경 말씀, 시편 23편이었다.

여호와는 나의 목자시니 내게 부족함이 없으리로다
그가 나를 푸른 풀밭에 누이시며
쉴 만한 물 가로 인도하시는도다
내 영혼을 소생시키시고
자기 이름을 위하여 의의 길로 인도하시는도다
내가 사망의 음침한 골짜기로 다닐지라도
해를 두려워하지 않을 것은 주께서 나와 함께 하심이라
주의 지팡이와 막대기가 나를 안위하시나이다.
주께서 내 원수의 목전에서 내게 상을 차려 주시고
기름을 내 머리에 부으셨으니 내 잔이 넘치나이다
내 평생에 선하심과 인자하심이 반드시 나를 따르리니
내가 여호와의 집에 영원히 살리로다

평소 같으면 그저 좋은 말씀이네 하며 잠시 묵상하며 지나가던 4절이 특히 폐부를 후볐다.

내가 사망의 음침한 골짜기로 다닐지라도
해를 두려워하지 않을 것은
주께서 나와 함께 하심이라
주의 지팡이와 막대기가 나를 안위하시나이다.

통증은 의외로 온갖 잡생각을 불러왔다. 기억나는 성경 말씀이 많지 않다는 게 그렇게 후회스러운 일이 아닐 수 없었다. 말씀이 생각나지 않으니 익숙한 주기도문을 몇 번이나 암송했는지 모른다.

교회에서 장로, 안수집사, 권사 등을 뽑는 투표일에, 검표 시간에 지루한 틈을 타서 말씀 암송을 시연하신 권사님 생각이 난다. 로마서를 전장(全長) 암송하신다는 그 권사님은 그날 8장만 암송하셨는데, 그래도 나는 말씀을 몽땅 외우신다는 사실이 놀랍고 감동스러워 듣는 내내 눈물이 났다.

말씀은 삶이 어려운 일을 당할 때 가장 큰 힘이 된다. 말씀이 내가 닥친 문제 자체를 해결하거나 바로 해답을 주지 못할 수 있다. 그래도 그 시간을 견딜 힘은 넉넉히 준다. 수술 받고서 막막했던 중환자실에서 말씀은 내게 그런 힘이 되었다.

몇 구절 기억나지 않는 말씀과 주기도문이라도 반복해서 외울 때, 내 입술이 실룩거렸을 것이다. 의사들은 그걸 보고 내가 아프다고 호소하는 말인 줄 알고 "아, 네" 하는 의례적인 말만 하고 돌아가곤 했다. 그때마다 약이 추가되었는데, 알고 보니 항우울제였다. 그런 수술을 받은 환자는 십중팔구 우울증에 빠지기 마련인지라 그랬을 것이다. 어쩐지 그 약을 먹는 동안엔 아무 생각도 나지 않아 말씀도 암송하지 못했다.

항우울제가 투여된다는 걸 뒤늦게 알고서 투약을 거부했다. 나는 고통을 느낄지라도, 오히려 생각하고 싶었다. 기억하고 싶었다는 말이 더 어울릴 것이다. 말씀도 묵상하고, 어려서부터 겪어온 일들, 내가 잘한 일이든 잘못한 일이든 죄다 떠올리고 싶었다. 생각을 멈추기 싫었다. 그건 기도를 멈춘다는 말이기도 했기 때문이다.

그때 너무나 선명했던 '수술 후 최근의 기억'은 깨어나기 직전 꿈 속에서 심판대에 선 내 모습이었다. 그 앞에서 드린 내 기도는 더 선명했다. 나는 왜, 무엇을 위해 살려 달라고 외쳤던가? 내가 도대체 무슨 일을 겪은 것인가? 내가 왜 이런 일을 겪고 있는가?

지금 철저히 회개해야

팔과 다리를 자른 수술 이후 며칠간, 마치 훼손된 컴퓨터 저장장치가 복원되듯 하나둘씩 기억이 되살아나기 시작했다. 나는 혼자 있을 때, 차라리 그렇게 옛일이 되살아나듯 기억나고 생각나는 게 정말 좋았다. 깨어나고 나니 마치 컴퓨터 하드디스크가 포맷되어버린 것처럼 아무 기억이 나지 않았는데, 하나둘씩 기억이 되살아나는 게 기뻤던 것이다. 심지어 어릴 때 저지른 작은 잘못조차 기억이 나니 기뻤다. 동네 구멍가게에서 주인 몰래 과자를 훔쳐 먹은 일, 아이들과 몰려다니며 훔친 껌 같은 걸 나눠 먹던 일, 그러다 붙잡혀 혼쭐이 난 일도 생생해졌다. 그런 생각을 떠올리지 않았다면, 모든 생각이 잡생각 같아져서 혼란스럽고 좌절하기만 했을 것이다. 이런 생각만 했을 것이다.

'하필이면 왜 내가 이런 일을 겪어야 하나?'

'왜 나여야 하나?'

'도대체 어쩌다 이렇게 됐지?'

하지만 그때 깊은 생각에 빠지면서 깨닫게 되는 유익이 더 많았다. 내가 젊어서 한때 명상에 빠진 적이 있었는데, 그때는 나에게만 집중하면서 미처 깨닫지 못한, 이른바 죄에 대한 인식을 하게 된 것이다.

내가 지은 죄는 어마어마하게 큰 것이었다. 예수를 몰랐을 때 지은 죄도 물론 죄였다. 그것은 원죄에서 나온 것이었다. 죄를 짓는다면 반드시 그 죗값을 치러야 하는 것이다. 물론 우리 죄가 너무 많고 커서 주홍빛처럼 붉을지라도, 예수님의 보혈의 큰 공로로 모두 용서받고 구원받는다. 하지만 나는 내가 예수님을 모르고서 지은 죄, 예수님을 믿고 교회를 다니면서도 주님을 알지 못하고 세상을 따라 산 모든 죄가 마치 나에게 그런 고통을 받게 하는 것 같았다.

나는 지금은 그렇게 말하지는 않지만, 한동안 주변 지인들에게, 세상적으로 살고 죄를 짓고 산다면 나처럼 고난받을지도 모른다는 말을 협박처럼 할 때가 있었다. 주변 사람들에게 내 이야기를 죄에 대한 경고와 전도의 수단으로 써먹어도 좋다고 말할 정도였다.

내가 만난 하나님은 분명히 사랑의 하나님이시다. 그와 동시에 공의의 하나님이시다. 마냥 언제나 어리광 다 받아주시고, 잘못을 해도 예쁘다고 받아주시는 분은 아니시다. 죄를 용납하신다면 하나님이 아니시다. 그 대신, 그 공의(公義) 때문에 예수님이 내 죄를 대신 지시고 십자가에 달리셨다. 공의의 하나님이신 동시에 사랑의 하나님이시 기 때문이다. 내 죄는 하나님의 아들이 죽으셔야 할 만큼 무 서운 것이다. 그러나 예수님 덕분에 내 죄는 용서받았고, 현재 그 구원을 누리고 있고, 앞으로 영원히 받을 것이다.

나는 미래의 어느 날 예수 그리스도께서 다시 오실 때, 완벽한 구원을 받을 것이라는 확신이 생겼다. 그 구원 을 진정으로 누리기 위해 나는 회개하는 과정이 필요하 다는 걸 알게 되었다. 물론, 이 책을 읽는 당신은 나처럼 크고 깊은 고난을 겪고서 회개하게 되지 않기를 감히 바 란다. 나처럼 될 필요는 없다. 그저 지금 철저히 회개해 야 할 뿐이다. 그래야 하나님과 날마다 동행하며 가까이 살 수 있다.

진정한 순종은 마음의 순종

나는 은혜로 예수를 믿고 있으면서도 한 번도 예수 믿기 전의 과오들을 떠올리지 않고 회개하지 않았다. 나는 조 금 새로워졌다고 어느새 교만에 빠져 있었다.

아프고 나니 두 가지 과오가 떠올랐다. 내가 회개했어 야 할 일들이었다. 하나는 교회에서 중등부 부감(副監)을 맡으라는 권고를 받았을 때 거절했던 일이었다. 다시 생각하니 하나님의 부르심이었는데, 순종하지 않았던 것이다. 그건 어쩌면 대대로 유전처럼 누적돼온 불순종의 습관이었던 것 같다.

둘은 가정에서 온전한 믿음의 가장 역할을 못했다는 것이었다. 가정예배를 드릴 때, 주로 아내가 인도했다. 나는 회사 일을 핑계로 늦게 퇴근해 가정예배에 빠지거나, 어쩌다 참석하더라도, 아내가 무릎 꿇고 기도하자고 눈치를 주어도 "집에서 하는 예배인데 좀 편하게 앉아서 하지" 하며 아내 말을 무시했다. 아내는 더 이상 강요하지 않았다.

훗날 처형이 예배를 인도할 때 무릎 꿇으시는 걸 보기도 했지만, 나는 끝까지 무릎을 꿇지 않았다. 병실에서 그때 일이 생각났다. 그건 얄팍한 내 자존심이었다. 교만이었고, 결국 내 안에 순종하려는 마음이 없던 것이다. 하나님께서 지독하게 싫어하시는 교만과 불순종이 내 죄의 실체였던 것이다. 그걸 내려놓지 않으면, 회개하지 않으면 나로선 하나님께 가까이 갈 수 없었다. 그것을 깨닫게 하신 것이다. 불순종은 그렇게 무서운 죄이다.

나는 이제 기도할 때, 아무리 무릎을 꿇고 싶어도 꿇을 수 없다. 대신 마음으로 무릎을 꿇는다. 몸을 순종시켜 무릎을 꿇을 수 있을 때, 회개하고 무릎 꿇을 수 있다면 그건 큰 축복이다. 그렇게 생각하니, 무릎을 꿇는다는 건 단순한 몸의 순종만은 아닌 것 같다. 사실은 마음이 먼저 무릎을 꿇는 것이다. 마음이 순종하는 것이다. 그렇다면 나는 비록 지금은 무릎을 꿇을 순 없지만, 마음으로는 얼마든지 언제든지 무릎을 꿇을 수 있지 않은가?

진정한 순종은 마음의 순종이다. 마음이 순종하면 몸도 순종한다. 몸은 비록 불편하지만, 마음은 주 안에서 온전해진다. 그래서 나는 언제나 마음으로 무릎을 꿇는다. 마음으로 무릎을 꿇을 수 있다는 것이 얼마나 기쁜지 모른다. 몸으로 무릎 꿇을 수 있다면 더 기쁠 것이다. 그래서 사무엘 선지자가 이런 고백을 했던 것 같다.

사무엘이 이르되 여호와께서 번제와 다른 제사를 그의 목소리를 청종하는 것을 좋아하심 같이 좋아하시겠나이까 순종이 제사보다 낫고 듣는 것이 숫양의 기름보다 나으니 _사무엘상 15:22

2부

고통의 기억

사라진 팔다리도
고통을 느낄까?

5장

시험을 당할 때
내가 진정 피할 길

• • •

절단 수술을 받고서 열흘쯤 지난 이듬해 1월 2일, 입원 중이던 세브란스병원에서 신년예배를 드린다는 방송이 나왔다. 나는 마침 나를 찾아온 처형의 남편, 동서에게 예배드리러 가고 싶다는 말을 꺼냈다.

"형님, 저 예배드리러 가고 싶은데, 도와주시겠어요?"

내 몸엔 여러 곳에 주사 바늘이 꼽히고 각종 선들이 주렁주렁 매달려 있었다. 동서는 어렵사리 나를 업고 휠체어에 실은 다음 몇 층을 오르고 복도를 한참 지나 예배실을 찾아갔다.

예배는 이미 시작되고 있었다. 신년예배라 그런지 예배

• • •

실은 만석이었다. 간신히 틈을 비집고 들어가 앞자리에 앉았는데 성찬식이 막 시작되고 있었다. 성찬의 빵을 받았는데, 눈물부터 솟구쳐 바로 먹지 못했다.

'하나님이 죽음에서 나를 살려주시고 이렇게 큰 은혜를 주셨는데, 내가 어떻게 하나님을 배신할 수 있었을까? 내가 미쳤구나. 이 빵을 감히 어떻게 먹는가?'

눈물이 그치지 않았다. 볼을 타고 흐르는 정도가 아니었다. 철철 흘러 바닥에 뚝뚝 떨어졌다. 몇 달 만에 드리는 예배인지라 더 감동을 느낀 탓일 수도 있었지만, 좌우간 그날 그 예배가 내게는 그렇게 소중할 수 없었다. 나는 그날, 예배의 감격을 진심으로 느낀 것이다.

예배를 드릴 수 있다는 것은 무엇으로도 바꿀 수 없는 기쁨이다. 감격이다. 예배드릴 수 있다는 것만으로 행운이고 은혜이며, 가장 감사할 일이다.

내가 울음을 그치지 않자 성찬을 인도하시던 목사님이 의아해하셨다. 그 목사님은 이후로도 종종 만날 때마다 그날 함께 누린 예배의 감격을 나와 더불어 나누곤 하신다.

없어진 부위의 고통

수술 후 몸이 느끼는 고통은 점점 심해져갔다. 절단 부위가 아무는 과정의 고통이었다. 드레싱을 하는 것도 다른 수술과 차원이 달랐다. 절단 부위를 닦아내면서 긁어내기까지 했다. 2월에는 성형수술이 예정되었다. 성형수술 후에는 남은 피부를 당겨 절단 부위를 가로막아 살과 붙도록 스테이플러로 찍어두었다. 그런 다음 아물 때까지 드레싱이 이어졌다. 그걸 매일 아침 겪으며 견뎌야 했다.

수술을 마치고 병원을 옮겨 재활치료를 시작하자 스텀프(stump) 마사지라는 것을 받게 되었다. 말이 마사지이지, 내 팔과 다리를 마구 주무르고 때리는 것이었다. 스텀프에 비하면 드레싱은 오히려 견딜만했다.

스텀프는 실제로 수술 후 남은 부위의 근육을 풀기도 하지만, 더 중요한 목적은 환상통을 없애는 것이라고 했다. 없어진 부위에서 여전히 통증이 느껴지는 듯한 환상통을 초기에 해결하지 않으면 평생 고통을 받을 수 있기 때문이다. 플라시보 효과나 다름없을 진통제를 계속 먹어야 할 수도 있다.

스텀프의 원뜻은 나무의 그루터기다. 주요 부분이 잘리거나 부러지거나 닳고 난 뒤에, 남은 부분을 뜻하는 말이기도 하다. 실제로 잘린 팔다리의 절단되고 남은 부분을 스텀프라고 한다. 내 팔뚝과 다리의 허벅지가 바로 스텀프인 것이다.

스텀프 마사지를 할 때, 치료사들은 인정사정 없었다. 나는 아프다고 소리 질러도 아랑곳하지 않고 때리기를 반복했다. 남은 신체 부위를 가격함으로써 사라진 신체 부위와 실제로 남아 있는 신체 부위의 통증을 구분하게 하려는 것 같았다. 짐작은 맞았다. 치료사가 말했다.

"통증은 (때리는) 여기까지 느끼는 것이고, 그 아래는 느끼는 곳이 아닙니다. 없어진 부위라는 걸 받아들이는 과정입니다."

내 몸에서 사라진 부위라는 것을 인식시키는 일이었다. 그러자니 과감하게 때려 통증을 느끼게 하고 수술로 굳은 근육도 풀어주는 것이다. 그래서인지 가족은 차마 그 마사지를 해줄 수 없었다. 수술을 받은 강남세브란스병원에서는 드레싱이 고통스러웠다면, 재활치료를 받은 신촌세브란스병원에서는 스텀프 마사지를 받는 일이 괴로웠다.

하지만 더 괴로운 건, 이제 내 몸을 내 마음대로 움직이기 어렵게 됐다는 사실이었다. 발진이 생기면 몸이 가려웠다. 온몸에 두드러기가 났다. 그래도 스스로 긁을 수 없다. 치료사에게 긁어달라고 부탁해도 시원하지 않았다.

밥을 먹는 일도 고역이었다. 아기 밥 먹이듯 떠먹여주는데, 미처 다 씹지도 않았는데 또 넣어주었다. 내가 씹는 것과 요양보호사가 떠먹여주는 것이 박자가 맞으면 좋은데, 처음엔 그게 잘 맞지 않았다. 자괴감이 들지 않을 수 없었다.

'평생 이렇게 살아야 하나? 이렇게 어떻게 사나?'

수술을 마치고 재활치료에 들어서면서, 내 몸에 대한 걱정 못지않게 가족의 삶에 대한 염려도 슬슬 들기 시작했다. 건강한 사람도 가장이라면 생계와 삶에 대한 온갖 염려를 하기 마련인데, 나는 더 막막했다.

그때 나를 붙잡아준 분은 어떤 사람도, 그 누구도 아닌 하나님이셨다. 예배는 그래서 드릴 때마다 감격을 느끼게 했고, 나는 말씀을 묵상하고 기도해주시는 분들의 중보기도에 힘입어 성령님이 충만해지는 걸 느끼기 시작했다.

그토록 힘겹게 고난을 통과하던 시기에 '창신교회의 젊은 부부 모임인 TNG(The Next Generation)가 없었다면 우리 가족은 어떻게 됐을까?' 하는 생각을 지금도 자주 한다. 그들이 아니었다면 우리 부부는 그 격동의 시기를 견디기가 몹시 어려웠을 것이다. 특히 아내가 견디기 힘들었을 것이다. 30대와 40대 부부로 구성된 TNG 멤버들은 우리 가정을 위해 기도할 뿐 아니라 실제적으로 많은 도움을 주었다.

교회는 수요기도회나 금요기도회나, 모든 기도 시간에 나를 위한 기도를 빼놓지 않았다. 특히 수요기도회를 마치면 기도하는 권사님들이 따로 모이셔서 나를 위해 기도하는 모임을 매주 가지셨다고 한다. 그러니 내가 살아나는 은혜를 받은 것이다. 내가 재활하는 병실에서 성령이 충만해질 수밖에 없던 이유는 바로 그 분들의 기도였다.

천사들의 방문

내가 병상에서 성령 충만해진 증거를 말하라면, 나는 자신있게 말할 증거가 있다. 나를 찾아오는 병실의 모든 사람들이 흰 옷 입은 천사로 보이기 시작한 것이다. 의사와 간호사와 치료사는 물론, 잠깐 2,3분간 면회를 할 수밖에 없는 방문객들이 전부 천사처럼 보였다.

'저 분이 저렇게 사랑스러운 표정을 지으셨나? 저 분이 저렇게 아름다우셨나?'

내 눈에 그들이 천사처럼 보인 것이 아니다. 그냥 천사들이었다. 나는 속으로 '하나님, 제게 천사를 매일 보내주시는군요!' 하고 감사하지 않을 수 없었다. 나는 그때, 그들의 표정에서 이전에 보지 못한 사랑을 보았고, 천사의 얼굴을 보았다. 나는 문병 오시는 분들마다 천사로 보였을 뿐 아니라, 그들이 나를 만나러 오시기 전에 나를 위해 많이 기도하셨다는 것을 또한 느낄 수 있었다.

그 시절에 창신교회 유상섭 담임목사님은 물론 직전 담임이셨던 예수향남교회 정갑신 목사님을 비롯해 많은 목사님들이 다녀가셨다. 정 목사님은 처음 방문했을 때 하고 싶은 말을 다 못하고 가서 아쉬웠다는 말을 훗날 다시 해주셨다. 내게 무슨 말을 해주고 싶으셨냐고 물으니, "걱정하지 말라고, 하나님께서 회복시키실 것이다"라고 말하려 했다는 것이다. 하지만 내 상태를 보니 도무지 아무말도 할 수 없었다고 하셨다. 내가 그런 상황에서 오히려 "저는 괜찮습니다"라고 말하는 것이 충격이었다는 말씀도 하셨다. 아마도 내게 충만히 임하신 하나님의 영, 성령님께서 내 마음을 위로하시고 힘을 주셔서, 목사님 앞에서도 그런 고백을 할 수 있었던 것 같다.

내가 피할 길을 찾다

재활치료를 받는 동안 천사 같은 사람들의 위로 문안 외에 나를 살린 힘은 바로 하나님의 말씀이었다. 나는 사실 말씀으로 승리한 것이다. 특히, 깨어나면서 묵상하며 깊이 깨달은 말씀, 고린도전서 10장 13절 말씀을 곱씹어 묵상하며 큰 힘을 얻었다.

사람이 감당할 시험 밖에는 너희가 당한 것이 없나니
오직 하나님은 미쁘사 너희가 감당하지 못할 시험 당함을
허락하지 아니하시고
시험 당할 즈음에 또한 피할 길을 내사 너희로 능히 감당
하게 하시느니라
_고린도전서 10장 13절

나는 그 말씀을 오래 전, GBS(그룹성경공부) 시간에 나눈 적이 있었다. 그때 누군가 이런 말을 했다.

"그거야 당해봐야 알지. 우리가 끔찍한 시험을 당해 봐. 그거 견딜 수 있겠어?"

사실 나도 그때는 이 말씀이 현실로 다가오지 않았다. 받아들이기 어려웠고 이해되지 않았다. 사람이 감당할

만한 시험이 도대체 무엇이란 말인가? 감당할만한 시험이란 내가 내 한계 안에서, 내 머리로 이해할 수 있는 데까지가 아니겠는가? 하지만 그때 내가 당한 일은 내 한계를 뛰어넘고 이해할 수도 없는 일이었다. 그러나 그 말씀을 깊이 묵상하던 중에, 이 대목이 중요하게 다가왔다.

"시험을 당할 즈음에."

사람이 시험을 당하지 않는다는 말씀이 아니다. 하나님을 믿는 우리도 시험을 당할 수 있다. 시험을 안 주시는 것이 아니라는 말이다. 하지만 시험 당할 때 피할 길을 주시는데, 나의 경우 그 피할 길은 하나님이셨다. 피 흘리신 예수 그리스도셨다.

정말 그때, 나는 예수님의 품 말고 피할 곳이 없었고, 기대고 붙들 사람은 전혀 없었다. 내 마음을 기댈 피난처는 예수님뿐이셨던 것이다.

내가 병상에서 과거에 저지른 불순종의 죄들을 다시 생각하며 괴로워할 때도, 내 죄를 용서하시고 나를 품을 수 있는 분은 오직 예수님이신 것을 깨달았다. 그러니 내가 당한 그 고난의 상황이 시험을 당한 것이라면, 내가 피할 길도 하나님이 일찌감치 내주신 십자가의 길을 가신 분, 예수님 바로 그분이셨다. 피할 길은 오직 예수님이시다.

그것은 지금도 마찬가지다.

이 복음을 깨닫는 것이 어찌 내 머리로 가능했겠는가? 사실 한달 가량 누워 있다가 깨어난 사람이 그런 힘든 수술까지 받고서 어떻게 성령 충만할 수 있겠는가? 그건 우선 오로지 나를 위해 기도해주신 모든 분들의 기도 덕분이라고 생각한다. 어마어마하게 쌓인 그 분들의 기도와 간절한 소망이 내게 성령이 충만하게 임하게 도와주신 것이다. 그 성령님의 은혜로 나는 이겨낼 수 있었다.

내가 피할 길은 마음에서 느낀 추상적인 위로만이 아니었다. 부활하신 예수 그리스도처럼, 내 삶에서 피할 길도 실제로 하나둘씩 열리기 시작했다.

6장

인생의 잔치는
다 준비돼 있습니다

• • •

절단 수술을 하고서 약 일주일 뒤, 닐슨의 신은희 사장님
(당시 직함)이 병실을 찾아오셨다. 내가 다니는 회사는 국
제적 기업이라 일 년에 한번 전 세계 지사의 대표들이 미
국에 모여 국제적인 회의를 연다. 그해엔 사장님이 미국
플로리다로 서둘러 가셔야 했는데, 그 바쁜 분이 떠나기
전에 나를 보러 오셨던 것이다. 내 이야기를 보고받기만
했지 상태를 직접 보신 건 그날이 처음이었다.

사장님이 찾아오셨지만, 나는 따로 할 말이 없었다. 평
소처럼 인사드렸다.

"사장님 오셨습니까?"

• • •

회사는 별 일 없는지, 어쩌면 이제는 내게 별 의미가 없게 될지도 모를 이야기를 주고받았다. 불현듯 사장님이 이런 질문을 하셨다.

"야, 너 앞으로 어떻게 할래? 계획은 있니?"

할 말이 없었다. 실제로 아무 계획이 없었다. 있을 수도 없었다. 사장님이 한숨을 쉬시더니 말을 이어가셨다.

"야, 그래도 희망을 잃지 말아야지. 재활 열심히 잘 받아!"

사장님이 병실을 나가시는가 싶더니, 밖에서 한 20분가량이나 아내와 이야기를 나누고 돌아가셨다. 사장님이 가신 뒤, 아내가 얼굴이 환해져 들어오더니 내게 말했다.

"여보, 여보! 사장님이 그러시는데, 이홍승은 무조건 복귀래! 어떤 일이 있어도 포기하지 않도록 날더러 잘 보살펴 달래. 회사가 끝까지 당신을 기다릴 거래. 그러니 여보, 힘내서 재활 잘 받자."

말이 안 되는 이야기였다. 그때 나는 대소변도 스스로 할 수 없었다. 간병인이 갓 태어난 아기 다루듯, 엄마와 떨어져 소아중환자실에 입원한 아기 돌보듯, 대소변을 다 받아내고 기저귀를 갈아주고 있었다. 먹는 것도 배설하는 것도 내 능력으로 하지 못했다. 스스로 할 수 있는 일은 아무것도 없었다. 그런 나를 회사는 기다려주겠다고 한다. 믿기지 않았고, 실감도 나지 않았다.

회사에서는 이후에도 거의 전 직원이 줄줄이 문병을 왔다. 상무님과 부장님 등 임원 선배들과 동료 팀장들까지, 내 또래 이상의 직급인 직원들은 다 왔던 것 같다. 단, 회사에서 내가 '주니어'라고 부르는 부하와 신입직원들은 오지 못하게 했다. 젊은 후배들도 오고 싶어 했겠지만, 충격 받을 것을 염려했던 것 같다.

알고 보니, 몇몇 동료와 선배 팀장들은 내가 의식불명이던 3주 동안 조를 짜서 번갈아가며 병실에서 내 아내와 함께 밤을 새주었다고 한다. 덩치가 큰 어떤 분은 병실에 와서 내 곁에 차마 가까이 오지 못하고, 한구석에 쪼그려 앉아 울기만 했다고 아내가 전했다. 그 분은 평소 내가 존경하는 선배인데, 병든 내 모습이 몹시 불쌍하셨던 가보다. 회사의 경영진과 선배와 동료들에게 받은 사랑을 갚을 방법이 없다.

수술 후 첫 번째 시험

삶은 도전으로 가득하다. 도전은 시험이기도 하다. 패혈증에서 살아나 절지(折枝)하는 수술을 받은 뒤, 첫 시험이 내게 다가왔다.

시험은 피하는 것이 아니다. 피한다고 피할 수도 없다. 도전하여 감당해내는 것이 어쩌면 참으로 피하는 길을 찾는 것인지 모른다. 그런 면에서 내게 다가온 첫 번째 시험은 피하지 않고 통과해야만 답을 내는 일이었다. 그것은 바로 이 책 첫 장에서 소개한 아들 요한의 돌잔치에 참석하는 일이었다.

절단 수술을 받은 지 며칠 지난 12월 말이었다. 아내가 조심스레 말을 꺼냈다. 표정이 몹시 겸연쩍어 보였다.

"여보, 우리 요한이 돌잔치 할 때가 됐잖아. 교회 TNG 모임에서 하자고, 준비해주겠다고 하는데, 당연히 취소해야겠지? 당신이 이런데."

나는 문득, 이것이 시험이라는 생각이 들었다.

"아니야. 하자. 나는 못 갈 수도 있지만, 요한이 생각을 해봐. 우리 애들 생각을 해보자고. 나야 이제 장애인으로 살아가야 하는 건 어쩔 수 없는 일이지만, 앞으로 우리 아이들이 아버지가 장애인이라는 이유 때문에 마땅히 누려야 할 것들을 누리지 못하고, 해야 할 일들을 하지 못한다면 당신은 기쁘겠어? 더 화려하게 잘 해줘. 아빠가 이래도 상관없이 아이들은 이 세상을 살아갈 때 전혀 걸림돌 없이, 티 없이 살아갈 수 있게 해줘야 하지 않겠어? 다만 내가 잔치 준비를 돕진 못할 건데, 대신 당신이 수고 좀 해줘."

아내가 내 말을 수긍해주었다. 곧바로 처형에게 내 뜻을 전했다. 이야기는 곧 요한이가 속한 교회 영아부로, 부부모임인 TNG로 신속하게 퍼졌다. 돌잔치는 교회가 나서서 준비하는 모양새가 되었다.

정작 반대하고 나선 분은 아버지와 어머니셨다. 당연했다.

"아니, 돌잔치를 한다고? 너희 정신이 있는 거냐, 없는 거냐? 지 아버지가 이렇게 됐는데 무슨 놈의 잔치야? 지금 잔치할 상황이야? 말이 안 되지!"

나는 아내에게 한 말을 부모님께 다시 차분히 말씀드렸다.

"아버지, 어머니, 손주들이 아버지가 장애인이 됐다고 눌려서 살면 좋으시겠어요? 아버지가 어떻든 아이들은 기쁘고 당당하게 살아가면 그게 더 좋은 거죠. 아버지가 만약 저처럼 이렇게 되셨으면 저희들더러 아무것도 하지 말고 살라고 하고 싶으시겠어요? 그게 아버지 바람은 아니시잖아요."

아버지는 내 말을 들으시고 입을 다무셨다.

"모르겠다. 너희들 일이니 너희들 마음대로 알아서 해라."

설득되신 것은 아니지만 수긍은 해주셨다. 결국 아버지와 어머니도 돌잔치에 오셨고, 일가친지 온 가족이 참석해주셨다.

"이홍승이 누구야?"

그 무렵 놀라운 일들이 교회에서 종종 일어났다. 어떤 집사님이 자다 말고 벌떡 일어나 이렇게 소리쳤다고 한다.

"이홍승을 위해 기도하라!"

그는 내가 누군지 잘 알지 못하는 분이셨다. 그러니 뜬금없는 음성에도 당황했지만, 자기 입으로 그 말을 크게 내뱉었으니 더 당황할 수밖에 없었다. 하여튼 기도하는 분이신지라 그랬는지, 자신도 어리둥절하고 어이없었지만 '이홍승을 위해' 한참을 기도하셨다고 한다. 그래놓고 다음 주일, 교회에 오자마자 사람들에게 물었다.

"도대체 이홍승이 누구야? 우리 교인이야? 뭔 일 있어?"

"아니, 집사님은 주보도 안 보세요? 왜 장점희 권사 제부, 장시은 집사 남편 말예요. 지금 병원에 누워 있잖아요. 패혈증 걸려서 죽을 뻔하다 살아나 팔다리 절단하고…."

"아! 그 사람? 아이고, 세상에, 미안해라…. 나는 그 이 집사님 잘 몰라서, 소식 듣고도 그냥 교회에 그런 사람 있나 보다 했는데, 내가 관심 잘 안 가지고 기도 안 하니까 하나님이 내 꿈에서 알려주시고 기도하게 하신 거네! 아이고, 주여~, 용서하소서!"

나나 그 분이나 서로 모르는 사이였다. 우리 교회가 아주 크진 않지만, 그래도 역사가 좀 오래된 교회라 교인 수가 제법 된다. 주일마다 교회 가서 하루 종일 있어도 서로 얼굴도 이름도 모르는 교인이 아는 사람보다 훨씬 많을 수밖에 없다. 나를 위해 기도하라는 음성을 벼락처럼 들으셨다는 그 집사님도 우리 교회를 오래 다닌 분이셨다. 그런데도 내가 이렇게 된 사연을 잘 알지 못하고 계셨던 것이다. 당시 교회엔 그렇게 놀라운 일이 많았다.

쌍둥이를 둔 어느 여 집사님이 새벽기도를 하러 교회에 왔다가 잠깐 졸았을 때였다. 누군가 큰 음성으로 "달리다 굼!" 하고 외쳐 깜짝 놀라 깼다고 한다. 깨어서 기도하라는 음성 같았다. 신기한 건, 그 순간 그 집사님이 이런 생각이 들었다는 것이다.

'아, 이홍승 집사님을 위해서 깨어 기도하라는 것이로 구나!'

그래서 정신을 차리고 나를 위해 뜨겁게 기도하셨다고 한다. 나를 위해 기도하셨다는 교인들 중에 이와 비슷한 경험을 했다는 분이 꽤 많았다. 기도하기를 쉬고 있었는데, 하나님이 기도하게 하셔서 나를 위해 기도할 수밖에 없었다는 것이다.

평소 기도를 많이 하시는 처형이 나를 위한 기도를 쉬지 않으셨음은 당연했다. 기도하신 제목 중에 요한이의 돌잔치도 물론 있었다. 내가 요한이의 돌잔치를 하자는 말을 아내가 전하자, 처형은 깜짝 놀라며 이런 말을 했다.

"안 그래도 내가 기도했더니, 하나님이 요한이 돌잔치 반드시 하라시네! 그것도 그냥 하라는 말씀만이 아니고 잔치 순서는 이렇게 하고 자리 배치는 저렇게 하고, 그냥 아주 구체적으로 준비할 방법을 생각나게 해주시는 거야! 우리는 이 잔치를 할까 말까 고민하고 있는데 말이야! 하나님이 그러시면서 뭐라 하신 줄 알아? 이게 전도의 기회래! 우리 믿지 않는 양가 가족들, 이 집사 회사 사람들, 세상 친구들 다 불러서 하나님 믿게 하라는 자리라는 거야!"

그러니 내가 살아서 일한 것이 아니었다. 내 안에 하나님이 살아계셔서 하나님이 일하고 계시는 것이었다.

내 모습을 보고 누가 삶에 귀감으로 삼을 것이며, 내가 어찌 희망과 위로가 될 것인가? 가슴만 아프고 답답하지 않겠는가? 저런 몸이 됐는데 아들 돌잔치를 한다고 흉이나 보지 않을까? 인간의 생각으로는 도무지 할 수 없는 일이었다. 하지만 하나님은 나를 통해 일하고 계셨다.

하나님의 일하시는 방법과 관점은 사람의 생각과 다르다는 걸 그때 알았다. 사람의 눈으로 보면 내 인생은 할 수 없는 게 많다. 하지만 하나님은 하실 수 있는 일이 너무나 많으시다. 요한의 돌잔치는 하나님이 하시려는 일의 시작에 불과했고, 그건 내가 나를 드러내는 것이 아니라 하나님을 증거하기 위해 나서야 할 첫 번째 시험이었다. 그 시험을 피하는 길, 다시 말해 통과하는 길은 돌잔치를 하는 것이고, 나아가 내가 그 잔치에 참석하는 것이었다.

하지만, 첫 장에서 이야기한 것처럼 염증이 생겨 의사가 외출을 허락하지 않았다. 나는 강한 소염제를 투여받으며 의사에게 강청했다. 가게 해달라고, 아들 돌잔치라서만이 아니라, 가서 꼭 내가 해야 할 일이 있다고! '하

나님이 하시는 일이니 순종해서 가야 한다'는 말까지는
의사에게 차마 하지 못했지만, 결국 염증 지수가 낮아지
는 걸 본 의사가 돌잔치 당일, 외출 허가서에 사인을 해
주었다.

이홍승 회생 및 아들 돌잔치

돌잔치를 하던 날, 사람들은 내가 오지 못할 것이라 생각
하면서도 돌잔치에 참석해주었다. 수술을 받은 지 겨우
한 달이 지난 뒤였다. 사람들은 오지 못하리라 여겼던 내
가 휠체어를 타고 한복까지 차려입고 나타나자 다들 자
리에서 일어나 기립박수를 힘껏 쳐주었다.

그날 행사의 이름은 '이요한 돌잔치'가 아니라 '이홍승
회생 및 이요한 돌잔치'가 되었다. 회생, 맞다. 나는 다시
살아난 것이다. 이건 사실 처형이 기도중에 받은 하나님
의 음성이기도 했다.

"이걸 아이 돌잔치라고만 생각하지 말아라. 이홍승을
다시 살리신 하나님을 기뻐하는 기쁨의 잔치다."

처형이 들었다는 음성은 그뿐이 아니었다. 구체적인 하
나님의 말씀이었다. 시편 46편 10절 말씀이다.

이르시기를 너희는 가만히 있어 내가 하나님 됨을 알지어다 내가 뭇 나라 중에서 높임을 받으리라 내가 세계 중에서 높임을 받으리라 하시도다 _시편 46:10

내가 건강할 때 저질렀던 죄에 대해 병상에서 생각하면서 공의의 하나님을 묵상하곤 했는데, 하나님은 또한 긍휼과 사랑의 하나님이셨다. 그 하나님이 직접 일하시겠다고 선포하신 약속의 말씀이었다. 내가 다시 살아날 뿐 아니라 회복까지 약속하신 하나님의 말씀이라는 확신이 믿음으로 다가왔다. 그분이 나의 하나님이시다. 그걸 알게 되고, 하나님이 역사하시도록 순종하는 것이 첫 번째 시험이었다.

맨 앞자리에는 아버지와 어머니가 앉아계셨다. 그 주변과 뒷자리에 가족들이 앉았다. 한쪽엔 교회 TNG 가족들이, 다른 쪽엔 회사 사람들이 자리했다. 그런 자리 배치도 처형이 기도중에 받은 대로 한 것이었다.

말이 돌잔치였지, 정작 요한이를 위한 순서는 상대적으로 짧은 시간이 할애됐다. TNG 멤버 가운데 한 분이 내가 입원하고 난 뒤 겪은 과정을 담은 사진을 편집해 동영상을 만들어 보여주었다. 그런 다음 나도 한 마디 해야 할 것 같았다. 아내에게 내가 할 메시지가 있다고 부탁했다.

"오늘 여러분께서 이렇게 많이 와주셔서 너무 감사합니다. 우리 가족에게 하나님이 함께하시고, 우리 가족에게 하나님이 일하셔서 우리가 앞으로 얼마나 행복하게 사는지, 저와 아내와 우림이와 요한이가 얼마나 복되고 기쁘게 사는지 여러분에게 보여드리겠습니다. 저희를 위해 기도해주셔서 감사합니다. 앞으로도 계속 기도해주십시오. 그리고…."

잠깐 숨을 고르고, 침을 꿀꺽 삼켰다. 그리고 말을 이었다.

"제가 죽음의 문턱까지 가보니까 알겠더라고요. 여러분, 예수 믿으십시오."

여기저기서 "아멘!" 소리가 터져 나왔다.

그날의 잔치는 요한이의 돌잔치라기보다 천국의 잔치였다. 어려움을 극복하고 하나님이 일하시는 걸 목격한 사람들에게 하나님께서 기쁘셔서 베풀어주신 잔치였다. 믿지 않던 가족과 지인들에게 살아계신 하나님을 보여준 자리이기도 했다. 잔치를 반대하시던 아버지와 어머니도 뿌듯하다는 표정을 지으셨다.

준비된 인생의 잔치

내가 그날 그 자리에 나간 것은 내 결심이었지만, 나는 결심한 것뿐이고 일은 하나님이 하셨다. 사실 내 결심까지 하나님이 하게 하신 것이다. 하나님이 모든 걸 계획해놓으시고, 내가 시험을 감당할 것을 기다리고 계셨을 뿐이다. 마치 어린 아기의 부모가 선물을 준비해놓고 이쪽으로 걸어오라고 손을 내밀 때, 아기는 아장 걸음으로라도 걷기만 하면 되는 것과 같다.

우리는 하나님의 부르심을 들으면 걸어가기만 하면 된다. 그러니 걱정할 필요가 없다. 인생의 잔치는 다 준비돼 있다. 내가 할 것은 정말 아무것도 없다. 나는 하나님이 하시는 길로, '내주신 피할 길'로 가면 되는 것이다. 그것이 하나님의 일하시는 방법이다.

문득, 오랜 혼수상태에서 깨어나기 전, 칠흑 같던 어둠의 공간에서 죽기 전에 마지막이라 생각하고 부르짖었던 기도가 떠올랐다.

"하나님, 저를 데려가 주십시오! 그렇지만 하나님의 계획이 있으시면, 그리고 이 세상에서 내가 더 할 일이 있다면 살려주십시오."

그리고 살아났다.

나는 보잘것없고 평범하고 아무것도 없는 사람이었다. 오히려 죄악이 흘러넘치는 인간이었다. 그런 사람을 하나님께서 들어 쓰셔서 사람을 위로하게 만드시는 하나님이시다. 나를 향한 하나님의 계획이 있으시고, 내가 이 세상에서 아직 할 일이 남아 있는 것이다. 그것이 내가 살아난 이유였다.

7장

희망을 보여주고 싶었습니다

. . .

돌잔치와 성형수술을 마치고, 본격적인 재활치료가 3개월간 진행되었다. 내가 쓰러져 응급실에 입원한 날은 2010년 11월 16일 화요일, 그리고 재활치료를 마치고 집에 돌아온 날은 정확히 7개월 뒤인 2011년 6월 15일이었다.

재활치료를 성공적으로 마친 후, 나의 재활과정을 소개한 다큐멘터리가 제작돼 교육방송(EBS)의 '명의' 프로그램에 소개되었다. 나의 재활치료를 담당하신 신지철 교수는 내가 국내는 물론 세계적으로도 사례를 찾아보기 힘든 케이스라고 했다.

나는 '다발성'(신체의 복수 부위) 절단 장애인이다. 응급실에 입원한 뒤 3주간 의식을 잃고 있는 동안 혈압이 갑자기 떨어져 승압제로 겨우 버틸 수밖에 없었는데, 승압제가 내 생명을 붙잡아주는 대신 사지를 가져갔기 때문이다. 검게 변한 사지는 결국 동시에 절단할 수밖에 없었다.

목숨은 살아났지만, 앞으로 생활을 하려면 재활이 필요했다. 재활치료 전문가인 신지철 교수도 국내에서 치료하기 힘들다는 다발성 절단환자인 나를 치료하기가 만만한 일이 아니었다고 말씀하셨다.

재활치료 가능성은 그리 높지 않았다. 오른쪽 다리는 넓적다리까지만, 왼쪽 다리는 그보다 더 남지 않았다. 오른팔은 절반도 남지 않았고, 그나마 다 자르지 않은 왼쪽 팔도 손가락 대부분이 절단된 상태다. 또한 피부와 근육이 굳어지는 강직이 심해 손은 제 기능을 거의 할 수 없었다. 치료 자체가 도전이었다. 하지만 이것은 내게 아들의 돌잔치에 이은 두 번째 시험 같았다.

신 교수는 내가 휠체어를 타고 다닐 수 있도록 다 절단하지 않은 왼쪽 손의 기능을 회복하는 치료부터 시작했다. 오른팔에는 의수(의지 : 義肢)를 제작하여 부착해 팔을 움직이는 훈련을 받게 했다.

매주 두 번씩 '의지재활팀'이 모여 나의 상태를 논의했다. 의지재활이란 의족과 의수 같은 보조기구로 신체를 대신하도록 훈련하는 것을 말한다. 단계별로 치료계획을 수립해 물리치료, 작업치료, 통증치료를 했고 보조기 사용법 등을 익히게 했다. 재활 훈련을 돕는 의지팀과 간호팀 등 재활병원의 모든 부서가 유기적으로 내 재활을 도왔다.

또한 세브란스 원목실의 도움도 내게 신앙적으로 큰 힘이 되어주었다. 원목이신 김복남 전도사님은 나를 위한 기도와 격려를 아끼지 않으셨다. 주일이 되어도 교회 가지 못하는 내게 원목실이 인도하는 예배는 생명수를 공급하는 수원지와 같았다.

'조금 더'라는 희망

치료에 속도가 붙자 복합적인 기능 활성화 치료가 시작됐다. 양쪽 다리의 의지(의족)를 제작해 혼자 서는 훈련에 들어갔다. 상태가 호전될수록 신지철 교수를 비롯한 의료진과 당사자인 나에게 '조금 더'라는 희망이 생기기

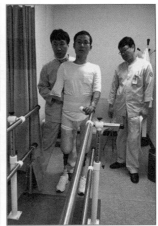

시작했다.

신 교수는 내가 누구의 도움도 없이, 스스로 혼자서 오른팔과 두 다리에 착용한 세 개의 의지를 착용하고 일어나는 훈련 프로그램을 마련했다.

휠체어 보행을 기대하며 시작한 치료가 걸을 수도 있다는 기대로 변해갔다. 왼쪽 팔의 힘도 기르고, 일어날 힘을 내기 위해 복근운동이 이어졌다.

팔과 다리가 제대로 없는 상태에서 복근운동을 하기란 쉽지 않았다. 하지만 배에 힘을 주지 않으면 일어날 수가 없어서 휠체어에 오르지 못한다. 휠체어도 사용하지 못하는 것이다. 나에게 이 훈련 과정은 전에 없던 도전이었다. 얼마 전만 해도 아무렇지 않던 일이 이제는 넘어야 할 큰 산처럼 느껴졌다. 하지만 포기할 수는 없었다.

나는 그때, 연세의료원 신문의 인터뷰에서 이렇게 말했다.

"저보다 절박한 사람이 있을까요? 제가 조금 더 노력하면 저와 같은 환자분들이 힘을 얻고 회복을 빨리 할 수 있다고 생각했어요."

3개월간의 재활치료 결과, 나는 혼자서 의지를 착용하고 보행보조기를 이용해 걸을 수도 있게 되었다.

내가 처음 평행봉을 잡고 일어섰을 때, 주변의 모든 사람이 기적이라고 기뻐하며 큰 박수를 쳐주었다. 나는 혼자 몇 발자국을 걸어 앞에 서 있던 아내에게 다가가 손을 내밀었다. 아내는 이제 내 손이 된 의수를 잡아주며 눈물을 흘렸다. 그건 마치, 처음 걸음마를 걷는 아기 손을 잡아주는 것과 같았다. 아기가 걸음마를 걷기 시작하면 지켜보는 사람들 모두가 기뻐하는 것처럼, 재활병원의 의사와 직원들도 그렇게 기뻐해준 것이다. 내가 걸음마를 시작하는 아기 같았다. 나로선 두 번째의 걸음마를 시작한 것이었다.

나는 그 몇 달 사이에 너무도 많은 사랑을 받았다. 직장 동료들은 나의 회복을 바라며 쓴 쪽지를 스케치북에 붙여 보내오고, 빨리 회사로 돌아오라며 내 자리에서 파티를 열고 사진을 찍어 보냈다. 그들은 인센티브 급여를 모아 병원비에 보태라고 보내주기도 했다. 회사는 언제라도 돌아오라며 문을 열어두었다. 모이면 언제나 같이 술을 마시던 고향 친구들은 나 때문에 회식이 사라졌다고 몇 달간의 회비를 모아 보내주었다. 그게 오른팔 의수를 장만하는 데 보탬이 됐다.

나는 연세의료원 신문의 인터뷰 말미에 이런 고백을 했다.

"사지 없는 인생이지만 행복을 전파하는 닉 부이치치보다 저는 아직 더 많은 행복의 조건을 가지고 있으니 더 많은 일을 할 수 있지 않을까요? 나에겐 도전이지만 다른 사람에게는 희망을 이야기해주고 싶습니다."

재활은 정신의 치료 과정

재활병원 치료는 결과적으로 성공적이었지만, 사실 그 시작은 쉽지 않았다. 우선 대학병원의 재활의학과는 입원하기가 어려웠다. 보통 환자가 한번 들어가면 몇 달씩 장기간 입원하며 치료를 받기 때문에 이른바 '대기번호'가 많다.

나는 2011년 3월에 입원하게 되었는데, 그 전인 1월 중순에 입원이 가능한지 진찰을 받으러 갔다. 일종의 면접을 받으러 간 셈이었다. 신지철 교수가 나를 보더니 이렇게 물었다.

"목표가 뭐에요?"

재활하려는 이유를 묻는 질문이었다. 내 목표야 분명했다.

"걷고 싶은 겁니다."

"못 걷습니다."

신 교수의 답은 거침없었다. 내가 걷고 싶다고 말하자마자 걷지 못할 것이라고 단정해버린 것이다. 말문이 턱 막혔다. 어이없고 충격적이라는 기분은 그런 것이었다.

5초쯤 정적이 흘렀다. 아내는 주먹을 쥐었다 폈다 하기를 반복하고 있었다. 모욕감과 화를 참고 있었다. 따라간 간병인도, 주변의 간호사들도 어쩔 줄 모르겠다는 표정이었다.

사실은 신 교수를 만나기 직전, 보호 장구 전문가를 면

저 만나 상담했었다. 그는 제법 긍정적인 말을 해주었다. 이것저것 만들어 붙이고 연습 좀 하면 걸을 수 있을 것이라고 나를 격려했다. 그런데 정작 재활치료를 총지휘할 교수가 불가능을 선포하다니! 그래놓고 신 교수는 간호사에게 "드레싱 해주고 붕대 다시 묶어주고" 하는 일상적인 지시를 내리곤 슬그머니 자리를 떠나고 말았다.

교수에게 절단 부위를 보여주려고 풀어놓은 붕대를 다시 싸매주는 간호사의 표정이 나보다 더 민망해 보였다. 내 기분은 비참하기가 그지없었다. 나도 슬슬 화가 나기 시작했다. 하지만 화를 참는 아내 앞에서 내가 화를 내면 아내가 더 힘들어질 것 같아 억지로 화를 눌렀다. 슬픔, 분노, 창피 같은 감정이 짬뽕처럼 휘몰아쳤다.

훗날 알고 보니 그건 그 분의 성격이고 특징이었다. '어떻게 되겠지, 열심히 해보자' 따위의 말은 무책임하고, 오히려 나 같은 사람에겐 자칫 희망고문이 될 수 있다는 게 그 분의 생각이다. 그런 말은 오히려 치료를 방해한다는 것이다. 환자가 현재 상태와 한계를 명확히 아는 것이 우선이기 때문이다. 그래서 환자에게 아니라는 말은 분명히 하는 것인데, 듣는 사람에 따라 이해될 수도 있지만 대개는 큰 실망과 상처가 될 수 있어서 반응은 제각각이다.

하지만 나는 이제 신 교수의 입장이 옳다고 생각한다. 일단 내 상태에서 최대한 기대할 수 있는 재활의 가능성이 어디까지인지 명확히 알아야 최소한 그 목표를 향해 매진할 수 있기 때문이다. 자칫 되지도 않을 허황된 기대를 가지면, 어느 정도 재활에 성공해도 여전히 실망하고 좌절할 수 있기 때문이다.

어쨌든 그때 나는 '다른 데 가야 하나? 여기 이분 왜 이래?' 하면서 당황했고, 별의별 생각이 들기 시작했다.

그런데 간호사가 붕대를 다 감았을 때, 신 교수께서 다시 돌아와 이 한마디를 남기더니 또 자리를 떴다.

"언제든 자리가 나면 한번 해봅시다. 그때 봐요."

이번엔 나보다 주변의 의료진이 더 놀라는 표정이었다. 그런 경우는 드물기 때문이었다.

세진이는 팔이라도 있지 말이야

신지철 교수를 아는 사람은 많지 않겠지만, '로봇다리' 별명으로 유명한 장애인 스포츠 선수 세진이는 아마 거의 다 알 것 같다. 세진이가 걷도록 만든 의사가 바로 신지철 교수이다. 그래서 나름 자부심이 강한 분인데, 그런 그조차 나를 보더니 쉽지 않겠다고 진단한 것이다. 하지만 너무 단호하게 부정적인 진단을 내린 것이 미안하셨나 보다. 훗날 이런 농담을 내게 하셨다.

"당신 상태가 심각하긴 한데, 내가 너무 세게 말했나 싶었어. 사실 보통 심각해야 말이지. 세진이는 팔이라도 있지 말이야!"

나는 신 교수의 처음 진단처럼, 보호 장구를 착용한다 하더라도 사실상 걷기 힘든 상태라는 걸 점차 인정하게 되었다. 내가 앉은 자리에서 스스로 일어나 휠체어에 앉기만 해도 세계적인 기적으로 보고될 경우였다. 그래서 나의 재활 목표는 스스로 몸을 움직이고 휠체어를 이용하는 것이 되었다. 3월 2일 재활의학과에 입원해 그해 6월 15일까지, 약 100일간 힘겨운 재활치료를 받았다.

진료 과정은 치료라기보다 훈련에 가까웠다. 혹독하기까지 했다. 의사는 치료사들에게 환자 사정 봐주지 말고 무조건 근육에 힘이 들게 하고 팔이 펴지게 하라고 지시했다. 그래서인지 재활병원 생활은 어쩌면 군대 내무반보다 더 엄했다.

회진할 때는 환자도 앉아 있어야 한다. 어쩌다 간병인

이 누워 있는 걸 의사가 보게 되면 불호령이 떨어졌다. 지시한 치료 과정이 이행되지 않으면 난리도 그런 나리가 없을 정도로 레지던트나 간호사들이 야단을 맞는 걸 보기도 했다.

일명 작업치료사로도 불리는 물리치료사들도 나를 제대로 훈련시키지 않으면 혼이 나곤 했는데, 그건 내가 야단맞는 거나 진배없었다. 그러니 그 모든 과정은 의학적 치료라기보다 정신교육에 가까웠다.

치료사는 의사의 지시대로, 약해진 내 몸을 슈퍼맨으로 만들기 위해 내 배에 올라타고 내가 팔과 다리를 스스로 움직이도록 훈련시키기도 했다. 결코 쉬운 일이 아니었지만, 결국 모든 치료는 환자의 의지가 좌우하는 것이었다. 재활치료가 정신교육이란 말의 뜻은 그것이었다.

의지로 고통을 이길 수 있을까

세브란스병원에서 몇 달간 치료받는 동안 그나마 좋았던 것은 교회가 그 안에 있었다는 점이다. 수요예배, 금요기도회, 주일예배가 다 있었다. 나는 한 번도 빠지지 않고 꼬박꼬박 참석했다.

남아프리카공화국에서 살다가 교통사고로 하반신 마비가 돼 치료받으러 온 부산 사람과 내 옆자리에서 같이 치료받은 관주 형제를 비롯해, 믿음의 사람들이 저마다 휠체어에 의지해 예배실 앞자리를 다투듯 차지하곤 했다. 절단 환자들의 기도는 간절했다. 통곡기도는 흔했다. 그렇게 뜨거울 수가 없었다. 나는 그게 너무 기뻤다. 그곳의 예배는 즐겁고 행복했다.

재활병원 분위기는 그냥 칙칙하다. 이미 희망을 잃어버린 사람들이 약간의 변화라도 일으켜 보겠다고 온 곳이다. 날씨가 흐리고 궂은 날은 더 힘들다. 신경통으로 끙끙 앓는 소리가 여기저기서 나고, 군대처럼 점호를 받는 시간에도 의사가 뭐라 하건 아프다고 누워버리는 환자도 생긴다. 평소 같으면 무서워서라도 앉아 있던 사람도 비 오는 날 아픈 건 결국 참지 못한다.

재활치료는 이래저래 환자의 의지가 가장 중요한데, 나는 의지가 천부적으로 약하다. 굳어버린 왼쪽 손가락을 풀어보기 위해 강하게 힘을 주어 치료하다 왼손 약지의 살갗이 벗겨져 뼈가 보일 지경이 되기도 했고, 물집이 잡히고 터지기도 해서 고통스러웠다. 예배실에서 내 기도가

간절해진 이유 중 하나이기도 했다.

사람의 의지로 고통을 이기기란 여간 어려운 일이다. 턱도 없는 이야기다. 재활 병동의 분위기도 아무 희망이 없다는 듯 가라 앉아 있기가 일상이었다. 그런 곳에서 믿음과 기쁨과 의지를 갖게 한 힘은 병동에서 만나서, 예배 시간마다 같이 몰려가 같이 찬송하고 같이 기도한 믿음의 형제들이었다. 나를 비롯한 형제들 3,4명이 병실의 분위기를 바꿔놓았고, 우선 우리 서로 힘을 얻었다.

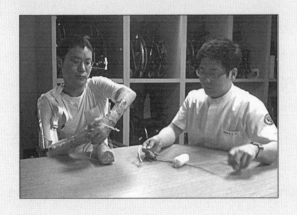

8장

사지를 자유롭게 움직인다는 것

. . .

나 같은 절단환자의 경우, 일반적으로 재활치료 기간을 5개월 이상으로 잡는다고 한다. 하지만 한 병원에서 2개월 이상 있을 수는 없다. 그러니 두세 군데 병원을 전전해야 할 상황이었다. 나는 다행히 3개월 만에 퇴원이 가능하다는 진단을 받아, 1개월 연장을 허락받을 수 있었다.

내가 퇴원을 앞당기기로 결심한 데는 또 다른 이유가 있었다. 욕심을 내서 위험하게 걷기까지 시도하기보다, 팔을 움직여 스스로 밥을 먹고 혼자서 화장실에 다녀올 수 있으며, 휠체어에 오르내릴 수 있는 선에서 재활훈련을 종료하기로 한 것이다.

솔직히 말해, 우리나라에서는 지체장애인이 목발이나 지팡이에 의지해 거리를 걸어 다니기가 아직도 매우 어렵다. 평지만 있는 것이 아니다. 조금만 걸으면 턱이 있고 계단이 나온다. 목발을 짚으면 어깨와 허리가 우선 아프다. 지나가다 지팡이를 툭 치고 가도 미안하다는 말을 하는 사람이 별로 없다. 그럴 때 자칫 지팡이를 놓쳐 쓰러지기라도 하면 대형사고가 생긴다. 그러니 걷는 일은 조금 더 기다리기로 했다. 어차피 기술은 발달한다. 대신 건강을 유지하고 있으면 된다.

굳어지지 않도록 훈련을 계속하고, 지금보다 더 좋은 의지(의수, 의족)가 나오면 그때 걷기를 시도해도 되지 않겠느냐는 의사들의 조언도 받아들였다. 냉철하게 생각하니, 그 분들의 말이 맞았다.

치료에 대한 하나님의 인도하심은 나의 경우 거기까지일 수 있었다. 현실적으로 회사도 다시 나가야 했다. 나를 기다려주겠다는 특별한 배려를 해준 곳이지만, 너무 오래 자리를 비우는 건 아닌 것 같았다. 아내도 나를 오래 간호하느라 지쳐 있었고, 모든 정황이 나로 하여금 퇴원하도록 등을 밀고 있었다.

세상은 장애인에게 아무 관심이 없다

병실의 모든 것을 정리하고 퇴원하기로 한 전날 밤, 잠이 오지 않았다. 막상 나가려 하니 걱정이 되었다. 세상이 새삼 두렵게 느껴졌다. 거리가 너무 낯설었다. 7개월간 병원에서만 있다 보니, 세상은 그대로인데 나만 달라진 것이다. 마음이 무거워지기 시작했다. 집에 가는 것조차 두려웠다.

많은 절단환자들이 퇴원하고 세상에 나가야 할 시기를 놓쳐 더 어려워지는 경우가 많다고 한다. 병원에선 조금만 움직여도 잘했다고 칭찬해주지만, 세상은 장애인에게 아무 관심이 없다. 오히려 불편해 한다. 그렇다고 해서 세상으로 나와야 하는 시기를 놓치면 사회에 적응할 수 있는 시기 또한 놓칠 수 있다.

나만 해도 회사에 돌아가는 시기가 너무 늦어지면 회사가 얼마나 더 기다려줄 수 있었을까? 아마 집에만 있다가 내 인생이 비참하다고 자책이나 하다가 인생이 더 꼬여버릴지 모른다. 그렇다면, 내가 기대한 재활 수준에 조금 이르지 못했더라도, 지금 세상에 나가는 것이 맞다고 판단했다. 결과적으로 보면, 그때 거기서 그만 두는 것이 맞았던 것 같다. 하나님께서 이끄시는 때라는 것이 확실히 느껴졌다. 재활치료는 결국 내게 아들의 돌잔치에 이은 두 번째 시험이었다.

중환자실에 누워 있을 때, 하루는 깨어 있을 때 앞으로의 내 인생이 선명하게 보이는 듯 했다.

내 눈에 두 갈래의 갈림길이 보였다. 한쪽 길은 누가 생각하더라도 뻔하게 좌절하는 인생이다. 원망하고 괴로워하며 고통만 곱씹다 가는 길이다. 다른 길은 비록 힘은 들어도 하나님을 의지하고 감사하며 사는 길이다.

감사하며 살아가는 인생의 길에 대해, 뜻밖에 회사의 한 여성 임원께서 병문안하러 오셔서 말씀해주셨다. 사고를 당한 자신의 남편 이야기였다. 나는 그 임원의 남편에 대해 그때 처음 들었다.

"홍승, 알고 있었는지 모르겠는데, 내 남편이 외국에 사업차 출장 갔다가 사고가 나서 크게 다쳤잖아. 왼쪽 얼굴이 상하고 좀 불편하게 살게 됐지. 남편이 사고를 당하고 치료받는 동안 내가 생계를 책임져야 해서 얼마나 힘들었는지 몰라. 그런데, 믿음이라는 게 무시 못 할 것이더라. 나는 교회도 잘 안 나갔고 날라리 신자라고 생각했는데, 사고당한 남편 데리러 가느라고 인천공항에 나가는데, 글쎄 내가 성경책을 먼저 챙기고 있더라고."

그 분은 원래 독실한 기독교 집안에서 태어났지만, 대학교를 다니면서 신앙생활에서 멀어져 살았다고 했다. 그런데 그 절박한 순간에 자기도 모르게 하나님의 말씀을 먼저 붙잡게 되더라는 말이었다.

"그러니까, 너도 너무 걱정하지 마. 하나님만 믿고 가자고. 하나님이 이끌고 가실 거야."

나는 그 임원에게서 그런 신앙적인 권면을 듣게 될 줄은 꿈에도 상상하지 못했다. 그 누구의 위로보다 묵직하게 들렸다.

내가 짐짝이어선 안 되는데

7개월 만에 돌아온 집은 그대로였다. 가장이 입원해 생사를 오가는 기간에 달리 무슨 더 큰 일이 있었으랴만, 나는 그대로인 집과 세상이 오히려 어색했다. 만감이 교차했다.

아이들은 처형 댁으로 보내고, 아내와 단 둘이 집에 남았다. 불현듯 허기가 느껴졌다. 식사할 시간이 된 것이기도 했지만, 달라진 내가 그대로인 집에 적응하는 첫 관문이기도 했을 것이다. 아내가 밥을 준비할 테니 잠시 기다리라고 했다.

"여보, 내가 경황이 없어서 뭐 준비한 게 없네. 그냥 김치 있는 걸로 찌개 해먹자. 밥은 금방 해."

갓 지은 쌀밥과 김치찌개 냄비가 부부 사이에 놓였다. 얼마 만에 먹는 아내의 김치찌개인가? 연습한 대로 남은 왼손가락에 숟가락을 끼우고 냄비에 담갔다.

숟가락을 입에 가져와 대려는데, 울컥 울음이 솟구쳤다. 나는 눈물이 적은 사람이었는데, 펑펑 눈물이 쏟아졌다. 아내가 일어나더니 내 뒤로 돌아가 뒤에서 안아주며 다독였다.

"여보, 울지 마. 울지 마…. 내가 어떻게 해서든…, 잘 할게. 그렇지만 나도 나를 잘 모르겠어. 솔직히 지금 이 모습과 이 마음 끝까지 갈 자신은 없어. 하지만 계속 해 보자. 열심히 해보면 괜찮아질 거야. 우리 주님이 계시잖아."

아내의 말이 얼마나 위로가 되었는지 모른다.

내가 그때 운 건 두 가지 이유가 있었던 것 같다. 하나는 너무 오랫동안 긴 여행에서 돌아온 느낌이 들어서였다. 너무 좋았고 편안했다. 내가 있어야 할 자리로 다시 돌아왔다는 안도감, 살아 돌아왔다는 사실에 대한 감사한 마음 때문에 울었을 것이었다.

다른 하나는 걱정과 두려움 때문이었다.

'이제 앞으로 어떻게 하지? 무엇부터 해야 하지?'

막막했다. 일단 그날 화장실 가는 것부터가 충격적인 도전이었다. 아내가 나를 업고 화장실로 가 힘겹게 변기에 앉혀 주었다. 아내가 뒤처리를 해주고, 다시 업어서 식탁 의자에 나를 앉혔다.

그리고 다음날, 또 화장실에 가기 위해 아내에게 업힌 채, 화장실의 큰 거울에 비친 아내와 그 등에 업힌 내 모습을 살짝 보았다. 그건 내가 아니라 짐짝이었다. 내가 아내 등에 얹힌 짐처럼 보인 것이다. 너무 괴로웠지만, 차마 말로 표현할 수는 없었다.

결혼하기 전엔 콩깍지가 씌어서 좋아한다, 사랑한다고 온갖 감언이설로 꼬셔놓고서, 결혼해서도 행복하게 해주기보다 고생만 시켰는데, 이제는 내가 장애인이 되어버렸다. 그냥 장애인도 아니고 팔다리가 잘려 짐짝처럼 된 것이다. 그러면 누구를 원망해야 하는가? 하나님을 원망하는가? 왜 하필 나인가? 너무 슬프다. 앞으로는 어떻게 살아야 하는가? 온갖 상념이 또 다시 몰려들었다.

저 형님도 살려고 애쓰는데

병에 걸려 입원하고 돌아왔을 때 살던 집은 3층 다세대 연립주택의 3층이었다. 당연히 엘리베이터가 없었다. 다행인지 1층이 반지하라, 우리집은 3층이어도 2.5층인 셈이어서 계단 하나는 없었는데, 좌우간 나는 특별한 일이 없는 한 갇혀 살아야 하는 형편이었다.

그때 나를 찾아온 의외의 천사들이 있었다. 한 천사는 재활치료 중에 나를 돌본 간병인의 아들이었다. 게임 중독에 걸릴 정도로 폐인처럼 살다가 어머니께 내 이야기를 들었는지, 주말마다 와서 나를 데리고 나가 산책을 시켜주고 같이 예배도 드리던 친구다. 그가 내가 퇴원한 후에도 종종 우리집을 찾아왔다. 회사 후배 Y도 큰 도움을 주었던 천사다.

회사에 다시 복귀하기까지 약 두 달간, 주중에도 재활치료를 받으러 갈 일이 있으면 그런 천사들이 나를 업고서 병원에 다녀오는 걸 도와주었다. 심지어 Y는 다른 직장에 취업을 하게 돼 더 이상 나를 돕지 못하게 되었는데, 당분간 나를 더 돕겠다고 취업을 포기하겠다는 말까지 했다. 그가 하루는 공황장애로 약을 먹고 있었다고 내게 고백했다. 그가 탁월한 두뇌를 가졌음에도 불구하고 평소 조직에 잘 적응하지 못하는 이유는 아마도 그 병 때문 같았다. 그런데 나를 보면서 내적인 변화가 생기기 시작했다고 고백했다. '팔다리도 없는 저 형님은 살려고 애쓰는데, 나는 뭔가?' 하는 생각을 했다는 것이다. 그는 지금은 결혼해서 가정을 꾸렸고, 다른 회사를 잘 다니고 있다.

내가 일어서는 법

보조 장구를 의지해 스스로 일어서는 나의 재활치료 과정은 주치의가 학계에 보고했을 정도로 성공적이란 평을 받았다. 내 박약한 의지대로라면 5년도 더 걸렸을 일을 불과 3개월 만에 해냈으니 말이다.

팔을 아예 못 쓰게 된 사람이 의수를 부착해 움직이는 연습만 해도 시간이 많이 걸린다. 더구나 나는 양쪽 다리도 절단했다. 심지어 왼쪽과 오른쪽 다리의 절단 부위와 길이도 다르다. 무릎 아래라도 다 남아 있다면 의족을 움직여 세진이처럼 걸을 수 있는 가능성이 높아지지만, 나의 왼쪽은 무릎 위부터 절단됐다. 그래서 신 교수도 처음에는 난장이처럼 보이더라도 안전하게 짧은 의족을 붙이기를 고려했다. 그러면 걸어도 잘 넘어지지 않을 것이다.

하지만 어렵더라도 긴 의족을 붙이고, 그나마 움직일 수 있는 왼팔에 의지해 일어나는 데 성공했던 것이다. 그러니 그건 기적이었다. 주변에서는 인간 승리라고 불렀다.

물리적으로는 물론 상식적으로도, 나 같은 몸은 힘을 내기 어렵다. 처음엔 허리와 다리 힘만으로 일어서기가 어려웠다. 하지만 내겐 좀 더 쉬운 방법이 남아 있었다. 왼쪽 팔에 힘을 세게 주고 보조 장구를 의지해 일어서는 방법이다. 오른쪽 팔에 힘을 주고 장구를 의지한 채 왼쪽 팔을 움직여 일어서는 것이다. 그렇게 해서 일어설 때 물리치료사가 박수를 쳐주던 날을 잊지 못한다. 그렇게 일어서는 데만 한 2,3주 걸렸던 것 같다.

지금도 유일하게 어려운 일은 침대에서 일어날 때다. 가정용 일반 침대는 붙잡을 곳이 별로 없다. 그래서 근처에 탁자를 두고 왼쪽 팔을 지지대 삼아 일어난다.

스스로 일어서기가 가능해지자 사회생활도 가능해졌다. 대변은 출근하기 전에 최대한 집에서 해결하고 나간다. 하지만 소변은 수시로 봐야 한다. 그걸 직원들이 일일이 도와줄 수도 없다. 도와달라면 도와주겠지만, 그건 내 자존심이 허락하지 않았다.

사지를 자유자재로 움직인다는 것

집에 돌아온 며칠 뒤, 처음 내 힘으로 화장실 턱을 넘어 스스로 볼일을 보던 날이 생각난다. 아내가 출근하고 혼자 집에 있을 때, 아내가 간식으로 먹으라고 두고 간 견과류가 화근이었다. 기저귀를 벗고 스스로 변을 보기 시작했을 때인데, 거실에서 일을 볼 순 없었다.

엉덩이를 움직여 기어가다시피 해서 화장실 앞까진 갔다. 문제는 화장실 문턱이었다. 왼손을 바닥에 짚고 몸을 움직여 턱을 타고 넘는 데는 간신히 성공했다. 그리고 화장실 좌변기 앞에 아이들을 목욕시킬 때 쓰는 플라스틱 의자를 두었는데, 그걸 계단 삼아 타고 올라가 드디어 혼자서 볼일을 볼 수 있었다. 그러니 휠체어를 탄 상태에서는 화장실 가기가 훨씬 수월한 일이 되었다.

사무실에서 화장실에 갈 때는 전동 휠체어로 화장실까지 간다. 지지대를 잡고 몸을 일으켜 왼손으로 지퍼를 내리고 볼 일을 보는 것이다. 그것이 재활치료 3개월 만에 가능해졌다니 얼마나 감사한지 모른다.

내가 그렇게 할 수 있게 된 것을 믿지 않는 사람들은 기적이라고 말한다. 하지만 나는 하나님의 은혜라고 말한다. 의수나 의족 한쪽에만 적응하는 데도 보통 3개월이

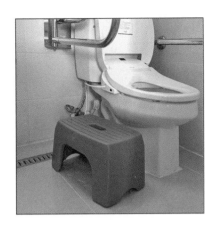

걸리는데, 사지를 다 움직이고 걷기까지 했다면 다들 놀
란다. 말이 되지 않는 일이라고 말한다.

다시 출근하기 시작한 초기에 화장실에 갈 일이 있으
면 남자 후배들이 따라와 문 밖에서 기다렸다가 도움이
필요하면 내 몸을 들어 변기에 앉도록 도와준 적이 있다.
하지만 이제는 그냥 혼자 다닌다. 내가 보기에도 내가 기
특하다. 변기에서 휠체어로 옮겨 앉는 것만 성공하면 가
능한 일이다.

그러니 생각해보라. 사람이 사지를 자유자재로 움직일
수 있다는 게 얼마나 놀라운 일인지? 손가락, 발가락 하

나라도 자유자재로 움직일 수 있는 건 신묘막측한 하나님의 능력이다. 우리는 무조건 감사해야 한다.

3부

사랑의 능력

그날의 기도가
나를 살렸네

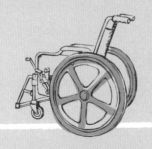

9장

나의 영혼 볼 때 얼마나 아름다운지

. . .

성탄절이나 부활절에 과자 주고 학용품 준다고 교회 간 일은 '부모님이 믿지 않는' 이들이라도 누구나 한두 번쯤 있을 것이다. 나도 그랬다. 병실에서 항우울제를 거부하며 기억을 하나둘씩 되살릴 때, 감사하게도 친구 따라 교회 갔던 일도 기분 좋게 생각이 났다.

나는 1974년 경기도 파주에서 가난한 농부의 5남매 중 막내아들로 태어났다. 최소 300년에서 길면 400년, 이(李) 씨 집안이 뿌리 내리고 씨를 이어온 고장이었다. 우리집은 그 마을에서 대물림을 해왔다. 유교 문화가 뿌리 깊었고, 교회 다니고 기독교인이 된다는 건 집안 전통

. . .

에 없는 일이었다. 아버지는 교회를 싫어한 만큼 불교도 싫어하셨다. "우리집은 일단 유교"라고 자주 선언하셨다.

그런 집에서 내가 처음 교회 간 날은 초등학교에 입학하기 전 어느 여름날이었다. 집에 놀라온 동네 누나들이 선심 쓰듯 '굿뉴스'를 전했다.

"오늘 평일이지만 교회 가면 먹을 거 준대. 재밌는 것도 많이 한다더라."

지금 생각하니, 그건 교회서 열린 여름성경학교였다. 한 번만 갔지만 기억에 오래 남는 이유는, 그날 인형극을 봤기 때문 같다. 무슨 내용인지는 전혀 기억나지 않는데, 아마도 나는 앞자리에 앉아 인형극을 본 것이 분명하다.

무대에서 누가 물을 뿌릴 때 얼굴에 몇 방울 물을 맞은 기억이 난다. 누군가 풍랑 이는 바다에 빠지는 장면을 연출했던 것 같다. 요나 혹은 베드로가 물에 빠지는 이야기, 아니면 출애굽한 이스라엘 백성들이 홍해를 건너는 이야기였을 것이다. 그런 건 그때 내게 중요하지 않았다. 무슨 이야기인지 모르겠고 관심도 없었다. 그저 집에선 자주 먹지 못하는 사탕과 과자를 실컷 먹고, 처음 본 어른들의 환대와 왁자지껄한 분위기가 마냥 좋았다.

하지만 초등학교 들어간 뒤로 20대를 다 보낼 때까지,

교회가 관심 목록에 든 적은 아예 없었다. 고등학생 때 또 한 번 친구 따라 가본 것을 빼면.

막내아들의 사고

우리 가족은 막내아들인 나를 귀히 여겼다. 특히 어머니와 둘째 누나의 사랑은 각별했다고 기억한다. 막내 성격이겠지만, 자존심과 자기주장이 강한 성격이 자랄수록 더 강해졌다. 나는 그래서 천방지축이었다.

고향에는 산과 강과 들이 널려 있었다. 고향은 내게 많은 추억을 새겨주었고 또래 남자들에 비해 감수성도 많이 물들여주었다. 틈만 나면 산으로 들로 성난 망아지마냥 뛰어다니고 놀기를 매일 즐겼다. 그러던 어느 날, 결국 사단이 났다.

초등학교 3학년 때, 어느 날이었다. 개학하자마자 얼마 뒤였으니, 3월 말이거나 4월 초였을 것이다. 봄의 들은 시골 아이를 집에 머물지 못하게 했다. 마침 동네 형이 나를 불렀다.

"홍승아, 우리 저 뒷동산에 같이 놀러 가자!"

뒷동산은 동네 놀이터 중에서도 노른자였다. 어른들은

해마다 그곳에서 산신제를 지냈다. 제사를 지내는 곳이기도 해서, 동네 형은 뒷동산을 오르면서 "저기서 귀신 나온다"며 어린 내게 겁을 주었다. 그날따라 등골이 오싹해졌다. 정말 귀신이 나타날 것만 같았다.

"나는 집에 갈래!"

뒤도 돌아보지 않고 냅다 뛰었다. 평소 혼자서도 뛰어다니던 산길이었다. 그런데 하필 그날 나무뿌리인지 돌뿌리인지 몰라도, 무언가에 발이 걸려 넘어지고 말았다.

공중에 붕 뜨듯 넘어진 건지, 아니면 넘어지면서 미끄러진 건진 잘 기억나지 않지만, 넘어질 때 배가 이상하게 아프다는 느낌부터 먼저 들었다. 아랫배가 사선(斜線)으로 날카롭게 잘린 나무에 찔려 있었다.

시골에선 잡초나 나무를 자를 때 낫을 45도 각도로 기울인다. 그러면 잘린 부위는 칼날처럼 위험해지는데, 하필 내가 넘어질 때 그런 나무에 배가 닿은 것이다.

마침 동네 형이 쫓아오다 넘어진 나를 보았다. 그 형도 다친 나를 어쩌지 못하는 초등학생이었던지라, 얼른 우리 집으로 뛰어가 둘째누나를 급히 불러왔다.

누나가 나를 업고 내려오는데, 온 세상이 파랗게 보였다. 출혈 때문인지 기진맥진해졌다. 생각해보니, 패혈증으로 3주간 의식을 잃었다가 섬망으로 보던 세상도 파란색이 아니었는가!

부모님은 그날 동네 어른들과 함께 마을의 공동작업을 하시던 중이었다. 새마을 모자를 쓰고 다니셨다는 기억이 난다. 소식을 듣고 급히 달려온 부모님은 급한 대로 동네 약국에서 찰과상 약과 붕대를 사와 지혈을 했다. 피가 멈추니 됐다 싶으셨는지 밥 먹고 자라고 하셨다. 그래서 하루를 그냥 지냈다.

비장의 무기가 사라지다

다음날 계속 열이 나고 아팠다. 부모님은 안 되겠다 싶으셨는지 읍내의 도립병원에 나를 데리고 갔다. 그 병원 의사는 외상만으로 잘 모르겠고 심각한 것 같으니 더 큰 병원으로 가라고 했다.

부모님은 서둘러 택시를 불러 당시 파주에서 가장 신속히 갈 수 있는 서울의 큰 병원이던 청구성심병원으로 달렸다. 바로 수술을 받았다. 조금만 늦었으면 큰일 날 뻔했다고, 의사가 부모님에게 크게 야단을 치셨던 모양이다.

상태는 의외로 심각했다. 개복수술이었다고 한다. 배를

열어 세척해보니 비장(脾臟)이 파열돼 있었고, 장기에 피가 퍼져 선지처럼 굳어 있었다고 들었다. 비장은 면역력의 중추 기능을 담당하는 기관인데, 부득불 제거할 수밖에 없었다. 그때가 1983년 봄이었다. 당시만 하더라도 비장의 중요한 기능에 대해 의학계가 충분히 파악하지 못했다고 한다. 면역을 돕는 호르몬을 분비하는 기관인지라, 특별히 병균이 침입하지 않는 한, 건강할 때는 있으나 마나 한 것처럼 보였기 때문 같다.

하지만 하나님이 만드신 우리 몸에 쓸데없는 기관은 하나도 없다. 만약 그때 수술한 의사가 비장의 중요성을 알았다면, 그리고 일부라도 남겨둘 수 있었다면 완전히 제거하진 않았을 것이다. 하지만 파열된 내 비장은 남겨둘 수 있는 상황이 아니었던 모양이다. 제거하지 않으면 더 심각한 후유증을 가져올 수 있었기 때문이다.

그 뒤 나는 농담으로 "나는 비장의 무기가 없는 놈이야!"라는 말을 종종 했다. 패혈증으로 쓰러져 다시 깨어났을 때, 내가 패혈증에 걸린 이유가 비장이 없기 때문일지도 모른다는 생각을 했다. 하지만 그건 단정하기 어려웠다. 비장을 제거한 뒤에도 20-30년을 누구 못지않게 건강하게 살아왔기 때문이다.

하여간 수술 후 약 한 달간 입원하면서, 내게 조금씩 철이 들기 시작했다. 어른들이 말하길 아이들은 아프면 영악해진다고 하는데, 내가 그랬던 것 같다. 우선 공부를 열심히 하기 시작했다. 다쳐서이기도 했지만, 산으로 들로 뛰어다니기보다 책상에 앉아 책을 보는 시간이 늘어나기 시작했다.

아버지는 전쟁 고아셨다. 동란 때 부모님을 모두 잃으셨다고 한다. 친척이 사는 동네에 정착해 머슴처럼 살았고, 마을 친척들이 서울로 가고 나면 집안 조상의 묘를 대신 지키는 일도 하셨다. 그런 아버지가 어린 아들에게 자주 훈육하신 말씀은 주로 이런 것이었다.

"너는 이씨 집안의 대들보다."

그러니 공부 열심히 해서 큰 사람 되라, 뭐 그런 뜻으로 하신 말씀일 것이다. 그런 아들이 배를 다쳤다. 죽을 뻔했다고 한다. 당연히 살려야 했다.

퇴원하고 집에 돌아오니 왠지 허전했다. 어릴 때 내 옷이 뿔에 걸려 크게 다칠 뻔하게 만들었던 소가 보이지 않았다. 사실 그때 집의 대들보는 그 암소였다. 내가 다쳐 수술받고 입원한 비용을 대느라 그 소를 팔아버린 것이었다. 나를 죽일 뻔한 소가 나를 살린 셈이었다. 하지만 소를 팔고도 병원비는 채우지 못했다. 안 그래도 어려웠던 집안 경제가 휘청해졌을 것이다. 어린 마음에도 부모님께 죄송했다. 공부를 잘해보려 마음먹은 것도 그렇게 해서 철이 좀 들었기 때문이었던 것 같다.

나는 서울시립대학교 무역학과에 진학했다. 시골에서, 위로 딸 셋에 바로 위에 형이 있는 막내아들이 그나마 공부를 해서 서울 시내의 대학까지 간 건 동네에서 자랑거리로 삼을 만했다. 대학생이 되기 전에 교회를 두 번째로 다시 가본 날은, 한창 열심히 공부하던 고등학생 시절의 어느 날이었다.

그날 전도사님의 기도가 나를 살렸다

나를 교회로 이끈 그 친구의 집은 우리집보다 가난했다. 친구는 간질병을 앓고 있었다. 가끔 교실에서 수업중일 때, 그 친구가 갑자기 쓰러지는 모습을 보기도 했다. 반의 아이들은 대개 그 친구를 무시하고 멀리했지만, 이상하게도 나와 한두 명의 주변 아이들은 그와 친하게 지냈다. 독실한 크리스천이던 그 친구는 반 아이들의 멸시에도 불구하고 꿋꿋했고, 특히 친하게 대해주는 내가 고맙다고, 나를 위해 기도하고 있다고 자랑하듯 말했다. 그 친구가 부탁하는 일은 마다하기 어려웠다.

"홍승아, 우리 교회 고등부에서 새생명초청잔치라는 걸 하거든. 예수 안 믿는 친구 데려오는 날이야. 말 그대로 잔치 하는 거니까, 와서 그냥 맛있는 거 먹고 즐겁게 놀다 가면 돼. 너 꼭 올 거지?"

나와 내 앞자리의 친구는 그를 따라 다음 주일에 교회에 갔다. 무슨 말을 들었는지, 무얼 했는지, 어떤 음식을 먹었는지는 전혀 기억이 나지 않는다. 그냥 그날도 친구 따라 한번 '교회 다녀와 준 것'이 전부였다. 친한 친구가 와달라고 하니 의리상 가준 것뿐이다. 그런데, 그때의 기억이 병실에서 팔과 다리를 절단한 후, 회복하고 있을 때 생생하게 되살아났다.

고등부 전도사님이 친구를 전도한 고등부 학생들과 나처럼 그날 처음 교회 간 학생들을 일으켜 서로 손을 잡게 하고 둥글게 둘러서게 했던 순간이 비디오테이프 재생하듯 기억이 났다. 그때가 고1이었다는 것도 병실에서 기억이 났다. 나를 위해 간절하게 기도하시던 전도사님의 기도가 다시 들렸다.

"하나님, 오늘 여기 처음 온 저 영혼, 하나님의 생명책에 올려주십시오. 구원하여 주시옵소서!"

다른 말은 아무것도 기억나지 않는다. 내 몸에 붙어 있던 팔과 다리가 일부 잘려나가고, 병실에 누워 지난 일을 회상하고 있을 때, 불현듯 나를 향한 그 전도사님의 기도만 선명하게 기억이 났던 것이다. 내 이름 석 자, 이, 홍, 승을 하나님의 생명책에 올려달라니! 이 세상에서 그것만큼 감사하고 감동적인 간구가 또 있을까! 나는 그제야 그 기도의 가치를 깨달은 것이었다.

'아, 나는 그날 그 전도사님의 기도 덕에 살아 있구나. 그 전도사님의 기도를 하나님이 기억하시고, 오늘 나를 살아 있게 하시는 것이로구나. 그 친구가 나를 전도하지 않았다면, 내가 그 기도를 들을 수 있었을까? 참 고맙다. 내 이름이 하늘나라 생명책에 기록돼 있는 게 분명하구나! 너무 감사하다.'

울컥, 눈물이 흘러내렸다. 모든 것이 감사했다. 그저, 그냥 감사하기만 했다. 감사의 이유를 더 찾을 필요는 이제 전혀 없었다. 주님이 내 이름을 생명책에 기록하셨다는 것, 어릴 때 친구 따라 교회 갔을 때, 이름도 기억나지 않는 그 전도사님이 나를 위해 기도해주신 걸 하나님이 기억하시고 응답하셨다는 것, 그거면 충분했다. 팔과 다리를 절단했다는 사실 따위는 잠시 잊었다. 감사했다. 감사하기만 했다.

그러자 문득 깨달음이 왔다. 큰 고난은 겪었지만, 아직 겪고 있지만, 그럼에도 불구하고 감사하니, 내 힘이 아니라 어떤 힘에 의해 감사하게 되니 내가 견디고 있었다. 그것이 감사했다. 내가 느낀 감사는 내게서 나온 것이 전혀 아니었다. 그래서 은혜였다.

그제야 나는 알았다. 깊은 고난 속에서도 피할 길은 분명 있다는 것을. 그 피할 길은 바로 '감사'였다.

나는 비록 병에 걸려 죽다 살아나 팔과 다리가 잘린 몸이 되었을지언정, 내 입에서 다시는 나오지 못할 것 같던 바로 그 단어, '감사'가 튀어나오기 시작하자 고난은 순식간에 허허벌판으로 사라지는 바람과 넓은 바다 속으로 사라지는 물 한 방울이 되고 말았다.

시험 당할 즈음에 내주신 피할 길은 다름 아니라 나로 하여금 감사하도록, 그 시절의 기억을 되살려주신 것이었다. 그것도 중환자 병실에서.

나는 그때 죽음의 골짜기를 지나가고 있었다. 죽은 것이나 다름없었다. 희망은 전혀 없어 보였다. 희망이 어디 있다고 말할 수 있었겠는가? 그러나 내 입에서 감사

의 고백이 나오는 순간, 희망은 시작되고 있었다. 감사가
희망이었다.

때로는 나의 앞에 어려움과 아픔 있어도

고등부 전도사님에게서 생명책 기록을 간구하는 기도를
들었던 그날, 나는 왠지 모르게 기분이 좋아 들판 논두렁
사이로 난 길을 홀로 걸으며, 그날 처음 들은 복음성가를
흥얼거렸다는 기억도 따라서 났다.

　집은 멀리 보이고 저녁은 밤을 향해 가느라 어두워지
는데, 내 입에선 '축복송'이 흘러나왔다. 그날은 무슨 노
래인지도 모르고, 오리쯤 되는 들길을 걸으며 그 노래를
불렀는데, 훗날 예수 믿고 교회 다니면서 알게 된 그 노래
의 제목은 송정미의 '축복송'이었다.

　때로는 너의 앞에 어려움과 아픔 있지만
　담대하게 주를 바라보는 너의 영혼
　너의 영혼 우리 볼 때 얼마나 아름다운지
　너의 영혼 통해 큰 영광 받으실
　하나님을 찬양 오 할렐루야

너는 택한 족속이요 왕 같은 제사장이며
거룩한 나라, 하나님의 소유된 백성
너의 영혼 우리 볼 때 얼마나 사랑스러운지
너의 영혼 통해 큰 영광 받으실
하나님을 찬양 오 할렐루야
너의 영혼 통해 큰 영광 받으실
하나님을 찬양 오 할렐루야

해지는 들녘, 새생명초청잔치를 마치고 집으로 가는 길
에 처음 부른 그 노래를 팔과 다리가 허전해진 병상에서
다시 불렀다. 감사의 눈물이 터진 수도꼭지처럼 솟아났
다. '너'는 어느덧 '나'가 되었다.

때로는 나의 앞에 어려움과 아픔 있지만
담대하게 주를 바라보는 나의 영혼
나의 영혼 우리 볼 때 얼마나 아름다운지
나의 영혼 통해 큰 영광 받으실
하나님을 찬양 오 할렐루야

내가 축복송의 깊은 뜻을 제대로 안 건 고등학생일 때,

. . .

그날 들판에서 부를 때가 아니었다. 죽음 직전에서 살아나 절단 수술까지 받고 난 뒤, 중환자실에서였다.

찬양을 부른 뒤에, 기도가 터져나왔다.

"하나님, 지금 내 앞에 어려움과 아픔이 있습니다. 너무 크고 너무 아픕니다. 견딜 수 없습니다. 감당하기 어렵습니다. 그러나 주님, 제가 감당하지 못할 어려움은 주지 않으신다고 하셨지요? 저는 솔직히 그 말씀이 무슨 뜻인지 잘 모르겠습니다. 저는 감당하지 못하겠습니다. 그럴 힘도 없습니다. 지금은 제 힘으로 일어서지도 못하고, 아무것도 하지 못합니다. 하지만 하나님이 결국 견디게 하실 줄 믿습니다. 하나님이 하실 테니까요. 나는 죽고 내 안에 하나님이 사시니까요. 그 하나님이 견디게 하시겠지요. 저는 그걸 믿을 뿐입니다. 저는 오로지 그렇게 하실 주님만 바라보겠습니다. 그 믿음, 주를 바라볼 그 믿음을 제게 주옵소서. 피할 길을 날마다 보게 하옵소서. 감사하게 하옵소서. 감당하게 하옵소서. 나를 통해 영광 받아 주시옵소서."

10장

여기 어디이고,
나는 누구인가?

. . .

고등부 새생명초청잔치에서 전도사님의 기도를 받은 뒤, 내가 다시 교회 나간 적이 있었나, 아무리 곱씹어도 생각 나지 않는다. 교회에 대한 기억은 지금의 아내를 만나기 전까지, 그 일을 빼면 전무하다.

병상에서 다른 기억을 더듬는데, 뜬금없이 초코파이 생각이 났다. 내가 아프기 전이나 지금이나 여전히 하고 있는 일은 시장과 소비자 조사 같은 마케팅 분야의 업무이다. 다니는 회사는 일반인에게 시청률 조사로 익숙한 '닐슨'이다. 내가 맡은 업무 분야는 전문적이라 자세히 설명하긴 어렵지만, 그냥 쉽게 말하면 소비자의 성향을 조사

. . .

해서 분석해주는 일이다. 그 결과는 기업의 마케팅 전략에 반영하게 된다. 예를 들면 L전자의 매장을 방문하는 고객의 시선과 동선을 일정 기간 기록하고 분석해 가장 효과적인 위치에 많이 판매되기를 원하는 제품을 진열하도록 제안하는 식이다.

수술 후 병실에서 내가 담당했던 클라이언트들 생각도 났다. 그 많은 클라이언트 브랜드와 상품 중에서 하필 가장 작았던 초코파이가 떠올랐다니 조금 우습긴 하다. 하지만 그게 내가 좋아하던 과자이기 때문인 것 같다.

내가 어릴 때, 어머니는 초코파이를 한 상자 사서 광주리 뒤에 숨겨놓곤 하셨다. 우리 남매는 그걸 마음대로 꺼내 먹을 수 없었다. 초등학교 3학년 때 비장을 찔려 수술을 받고 돌아온 날, 어머니는 누나들과 형 몰래 그 초코파이를 꺼내 내게 주셨다. 평소 같으면 먹고 싶어도 마음대로 꺼내먹지 못하던 귀한 과자였다.

초코파이를 생산하는 O사의 사장님을 클라이언트로 만났을 때, 나는 어린 시절 그렇게 해서 초코파이를 사랑하게 됐다고 말할 수 있었다. 절단 수술을 한 뒤에 초코파이 소비자 조사를 한 일이 먼저 기억난 건 아마 그런 추억 때문일 것이다. 흥미로운 건, 어머니가 주신 초코파이

보다 초코파이 소비자 조사를 했던 일이 먼저 떠올랐던 것이다. 이건 지금도 어쩌지 못하는 내 직업병인 것 같다.

도대체 나는 누구인가?

병실에 누워 있을 때, 파주 시내의 지역 청년회 사무실 풍경도 떠올랐다. 대학교를 나온 청년들이 결성한 일종의 지역 모임이면서 대학 동아리방 같은 공간인데, 동아리의 이름은 '파주학생회'이다. 그 모임 출신 중에 국회의원이 나오고 대학 교수와 총장이 나오기도 해서, 지역에서 제법 영향력이 있었다.

그 사무실에 요즘은 흔치 않은 '공용 노트'가 한 권 걸려 있었다. 회원들이 사무실에 들를 때마다 소식을 전하고 싶거나, 혹은 각자 쓰고 싶은 속마음을 털어놓고 싶을 때, 그 노트에 아무 글이나 써두곤 했다. 공용이면서 공개된 노트여서 회원들끼리는 그걸 볼 수 있었다. 노트 이름은 '날적이'였는데, 나는 그 노트에 글을 많이 남기는 편이었다.

93학번인 나는 대학생이 되면서 그 모임에 가입해 활동하기 시작했다. 입학해서 한 학기를 보낸 6월 어느 날로 기억한다. 그 노트에 뜬금없이 이런 글을 썼던 일이 병실에서 기억이 났다.

"나는 누구인가?"

보나마나, 선배들이 그 노트를 보고 엄청 웃었을 것이다. 하지만 나는 심각했다.

'도대체 나는 누구인가? 내가 지금 숨 쉬고 이렇게 살아가는데, 내가 누군지를 내가 알 수가 없네!'

이 질문은 그 후 약 10년간 나를 지배했다. 사춘기가 늦게 온 것 같기도 했다.

가정 형편은 막내까지 대학 보내기 어려웠지만, 어려서 사고를 당한 뒤로 공부를 나름 열심히 했고 성적도 제법 높게 나왔기에, 아버지는 그 형편에도 무리하여 나를 인문계 고등학교인 문산고등학교에 보내셨다. 원래는 집안 형편을 고려해 공업고등학교에 보내려다, 중3 때부터 공부를 곧잘 하기 시작하니 그게 아까우셨던 모양이다.

하지만 나는 인문계 고등학교에 가는 이유를 잘 알지 못했다. 인문계는 대학 가서 더 많은 공부를 하기 위한 곳이라고만 들었다. 집안에서 아는 분 중에 대학 간 분도 계셨지만, 내 눈에는 대학을 다니지 못한 아버지가 더 성실해 보이셨다.

시골이었지만 대학에 가기 위해 과외를 받는 친구들도 더러 있었다. 나도 고1 겨울방학 때부터는 책을 쌓아놓고 좀 열심히 공부했던 것 같다. 2학년이 되자 10등 안에 들고, 3학년 때는 반에서 1등도 했다. 누가 시키지도 않았는데 열심히 공부는 했다. 그리고 서울시립대학교 행정학과에 도전했다. 행정고시에 붙으면 공무원이 될 수 있다는 단순한 생각이었다. 그런데 누나와 함께 보러 간 합격자 명단에 내 이름이 없었다. 불합격이었다. 크게 실망했다. 그러자 누나가 2지망 결과를 보러가자고 했다. 무역학과 합격자 명단을 보러가자는 것이었다. 아무 생각 없이 써둔 2지망이었다. 다행히 3명을 뽑는 2지망 합격자 명단에 내 이름이 있었다. 나는 그렇게 대학생이 되었다.

내가 여기 왜 있는가?

대학교를 다니기 시작했지만, 바로 문제에 부딪혔다. 내가 여기 왜 왔는지, 내가 누구인지부터 알지 못한 것이다. 앞으로 무얼 해야 하는 건지 알 수 없었다. 파주학생회의 낱적이에 '나는 누구인가'라고 쓴 건 아마도 그때의 복잡한 심경을 보여준 것이겠다. 내 존재, 곧 실존의 문제를 붙잡기 시작한 것이다. 그리고 한동안 학생운동에도 뛰어들며 철학책 같은 인문서적을 탐독하기 시작했다.

그러던 중, 학생 운동권에서 나를 실망시킨 사건이 일어났다. 1996년으로 기억하는데, 모 대학에서 달라진 정권에서도 이전과 같은 방법으로 학내 데모를 폭력적으로 하는 모습이 내 눈에 달갑게 보이지 않았다. 민주화가 진행되고 문민정부가 들어섰지만, 그들의 눈에는 여전히 만족스럽지 못한 모습이 많았을 것이다. 진보의 눈이 필요하지만, 그 눈으로만 보면 세상은 언제나 불합리한 구석이 많은 것으로 보일 수밖에 없다. 그러다 보니 가끔은 논리도 상실하고, 집단적인 관성이 붙어 반대를 위한 반대를 하는 것처럼 보이기도 했다. 그 때문인지 학생운동에도 회의가 들기 시작했다. 다만 나 자신을 탐구하는 철학적 질문은 놓지 않았다.

그런 고민은 가을이 되면 더 깊어졌다. 나는 전형적인 가을 남자였다. 가을이 오면 미칠 지경이 됐다. 그때 내게 가장 큰 영향을 준 책은 법정 스님이 쓴 《무소유》였다. 내가 어떤 대상에 지독하게 집착하고 있다는 걸 깨닫게 해주었다. 그것이 나를 힘들게 하고 있다고 생각했다. 내가 붙들고 있는 오만 가지 집착을 내려놓아야 한다고 다짐했다. 그것들이 나를 자유롭지 못하게 한다고 보았다.

사람이 사는 동안 그렇게 삶에 대해 고민하는 사춘기 같은 시절이 최소 3번쯤 오는 것 같다. 한번은 초등학교 시절이나 청소년 초기의 이른바 사춘기, 그리고 20대가 끝나고 30대가 될 때, 그리고 40대가 되어 중년을 맞이할 때 지독하리만치 인생을 고민하게 되는 것이다. 나의 경우가 그랬다.

나는 20대의 10년 세월을 거의 그렇게 인생을 고민하며 지냈다. 한때는 절에 들어가고 싶다는 생각도 했다. 가만히 있을 수 없으니 혼자서 여행도 많이 다녔다. 나를 찾으려는 몸부림이었다. 어떤 날은 밤 11시에 훌쩍 집을 나서기도 했다. 그 시간에 서울역이나 청량리역으로 가서, 춘천으로 가는 첫차나 막차를 타기도 했다. 소양강 댐을 지나 양구를 거쳐 설악산에 올랐다. 울산바위에 올랐다가 경포대로 내려와 하룻밤 자고, 아침에 대구로 가서 선배를 만나 종일 술에 취했다. 그런 다음 날, 부산 태종대에서 새벽을 맞이했다. 그리고는 충남 보령에 사시는 할머니를 찾아갔다. 그렇게 미친 듯 돌아다닌 날이 많았다.

돈도 없이 다니며 아무 차나 얻어 타는 히치하이킹도 경험해봤다. 한번은 제주 서귀포 중문해수욕장에서 텐트를 치고 자는데, 이른 새벽에 바람이 심해 텐트가 날아갈 것 같아서 주섬주섬 챙기고, 평평해 보이는 인근의 잔디 위에서 다시 잠을 청했다. 깨어보니 골프공 치는 소리가 들렸다. 골프장 한가운데서 잤던 것이다,

갈증은 명상으로 해갈되지 않는다

군대를 다녀와 복학한 다음, 한동안 명상에 심취했다. 겉으로 보면 멀쩡해 보여도 내 속은 채워지지 않은 빈 구석이 있어 늘 허전했다.

단학선원이란 곳을 찾아갔다. 그곳은 주로 몸이 아픈 사람이 가는 곳이다. 그런 곳에 젊은이가 찾아갔으니 왜 왔냐고 묻는 것은 당연했다. 나는 "도를 닦으러 왔다"라고 말했다. 이상하게 쳐다보던 선원의 지도자 얼굴이 기억난다. 그래도 나는 그 선원을 3년이나 다녔다.

수련 중에 절 수련이란 게 있었다. 말 그대로 절에서 하는 것과 같이 절을 하는 것이다. 3천 배에 도전했다. 그걸 하려면 밤 9시에 들어가 다음날 6시에 마치기도 했다. 그걸 혼자서 밤새도록 했던 것이다. 무슨 갈급한 것이 그리 많아 그랬는지 모르겠다. 지금 생각하면 미쳤던 것 같다.

무릎이 얼마나 아팠는지 모른다. 대신 몸이 아픈 만큼 잡념을 사라지게 하려는 것이었다.

명상의 목적은 잡념을 사라지게 하고 그 너머에 있는 자신을 바라보는 것이었다. 그걸 관조(觀照)라고 불렀다. 잡념을 제거하면 순수한 자아를 본다는 것이었다. 잡념을 없애기 위해 3천 배 같은 고행도 했던 것이다. 요가도 일종의 잡념을 없애는 방법이었다. 나는 보통 한 번 하기도 힘들다는 3천 배를 그 후에도 3번이나 더 해보았다. 그만큼 무엇엔가 갈급했다.

그러나 인생의 갈증은 3천 배나 명상으로도 해결되지 않았다. 결국 그것도 더 하지 못했다. 수련 사범까지 하려 했다가, 너무 힘들어 접어버렸다. 그때가 2002년 월드컵이 한창일 무렵이었다. 그 전에 1년간 직장 생활을 했지만 반년 가량 쉬고 있다가, 다시 취업을 하려니 잘 되지 않았다. 다행히 인터넷 방문자를 조사하는 기업에 취업했고, 반년 만에 다른 곳에 이직해 2년 넘게 다니다, 지금의 닐슨으로 옮겼다.

11장

당신에게 길들여지고 있답니다

· · ·

2003년 4월 첫 주였다. 인터넷 매트릭스라는 기업에서 일하고 있던 어느 날, 후배에게서 전화가 왔다. 거두절미, 대뜸 이런 말부터 했다.

"오빠, 소개팅 한번 하시지요."

"야, 네가 이 선배 다 챙겨주고, 효도하냐? 당연히 가지."

그 뒤 사흘 지나 다시 전화가 왔다.

"그런데 오빠, 미리 말 못 했는데, 2년 연상이야."

나는 보수적이라, 남녀관계는 남자가 여자보다 나이가 많아야 한다고 생각했다. 여자가 연상이라니, 인류의 법

칙(?)에 어긋나는 일이 아닌가?

"야, 끊어! 나 안 만나!"

"안 돼, 안 돼! 내가 다니는 학교 학생처 직원 선밴데, 정말 괜찮거든. 나 봐서 한 번만 나와 줘요, 제발. 생일로 따져보면 1년 반 차이밖에 안 나요."

"알았다. 나, 그냥 시간 때우러 가는 거다."

그렇게 선을 볼 약속을 잡았다. 일주일인가 이주일 뒤 토요일, 4월 12일이었다. 그런데 하필 그 전날, 회사의 상사 모친께서 돌아가셨다. 발인이 토요일이었는데, 만나기로 한 날이었다.

나는 당시만 해도 주변에서 '서빙(serving) 전문가'로 소문나 있었다. 돌잔치에 가면 아기를 봐주고, 상가에 가면 상주와 같이 밤을 새고 온갖 허드렛일을 돕곤 했다. 그 상사의 상가에서도 연이틀 밤을 새며 자리를 지켜주었다. 토요일 새벽에 발인하고, 벽제의 화장장에서 수골까지 도와드린 뒤 집으로 돌아왔다. 그제야 그날 오후, 서울 대학로에서 선을 보기로 했다는 걸 기억했다.

집에 온 시간은 오전 10시경, 조금 자다 가면 되겠다 싶어 씻고 자리에 누웠다. 그게 화근이었다. 늦어도 12시엔 출발했어야 했는데, 그때까지 잠에 빠진 것이었다. 황급히 기다린다는 사람에게 양해를 구하는 전화를 했다. 기분은 좋지 않았겠지만 기다리겠다고 했다. 대충 차려 입고 부리나케 달려갔다.

첫눈에 내 사람인 걸 알았죠

아내는 기다리는 걸 싫어하는 성격이다. 그러니 평소 같으면 기다리지 않을 사람이 기다려준 것이었다. 아내가 다니는 직장은 서울시립대학교 학사관리과였다. 토요일은 12시에 학교를 마치니 1시에 만나기로 약속한 것인데, 그만 내가 늦게 된 상황이었다.

만나기로 한 장소는 대학로 마로니에공원 부근의 카페 스타벅스였다. 약속 시간보다 조금 늦긴 했지만, 내가 조금 늦겠다고 미리 양해를 구한 다음이었기에 오히려 내가 먼저 도착해 기다리게 되었다. 그리고 운명의 시간, 그 순간이 왔다. 그건 남성듀엣 유리상자의 노래, 딱 그 내용과 같았다.

"문이 열리네요. 그대가 들어오죠. 첫눈에 난 내 사람인 걸 알았죠. 내 앞에 다가와 고갤 숙이며 비친 얼굴, 정말 눈이 부시게 아름답죠."

정말 그랬다. 문이 열리는 순간 나는 알아볼 수 있었다. 나는 정말 그 순간에 사랑에 빠졌다. 아내를 처음 본 순간, 이 사람이 그 사람이란 느낌이 들었다.

훗날, 내가 휴대폰 연결 음악으로 그해 개봉된 영화 '클래식'의 OST를 보냈더니, 아내는 보답이라며 유리상자의 '사랑해도 될까요'를 보내왔다. 마치 내가 첫눈에 아내에게 반했던 그 순간을 알고 있었다는 말 같았다.

그런데 아내는 그날, 오히려 나보다 더 기대를 하지 않고 나온 것이었다. 감기도 걸려 있었지만, 옷도 별 신경쓰지 않고 머리도 부스스한 상태였다. 나중에 듣고 보니, 나를 만나기 반년 전에 이별을 경험한 일이 있었다.

나 역시 별 기대를 하고 나간 것은 아닌데, 이상하게 내모든 신경이 순식간에 '그녀'에게 빨려들기 시작했다. 카페로 들어온 그녀의 테두리가 온통 환했다. 그 외의 풍경은 뿌연 안개에 가려진 것 같았다. 이상하게도 내 기분이 상승되기 시작했다.

우리는 카페 2층에 자리를 잡고, 그날 한 두 시간가량 대화를 나누었다. 헤어질 때 약국을 찾아 감기약도 사서 손에 쥐어주었다.

다음날은 부활주일이었다. 나는 그녀가 주일에 학교에

서 당직을 선다는 말을 기억했다. 무작정 학교를 찾아갔다. 두 번째 만남을 단 하루만에 한 셈이다. 아내는 그때 이미 교회를 다니고 있었다. 나는 다니지 않고 있을 때였다. 서로의 종교에 대해 이야기를 나눈 것은 세 번째 만났을 때였던 것 같다.

"홍승 씨는 기독교 별로 안 좋아하신다면서요?"

나는 사실 아내 될 사람의 종교가 무엇이든 따라갈 의향이 있었다. 성당 다니면 성당 다니고, 절에 가면 절에 갈 것이었다. 다만 교회 가는 크리스천만 아니면 되겠다고 생각했다. 그러면 제사 안 지내고 절 안 할 텐데, 그건 우리집에선 좀 곤란하다 싶었다. 그런데 그녀가 크리스천이다. 나는 잠시 머뭇거렸다. 하지만 그것 때문에 그녀와 헤어지고 싶진 않았다. 속마음은 다 털어놓지 못하고, "저는 뭐 아내의 종교를 따르기로 했으니까요. 교회 다니는 것도 나쁘진 않을 것 같아요" 하고 얼버무렸다.

이후, 나는 그녀에게 이메일로 편지를 자주 보냈다. 그해 4월 만난 뒤부터 200일이 될 때까지 쓴 이메일을 2권의 책으로 묶었다. 당시엔 인터넷에 올린 글을 책으로 만들어주는 곳이 있어서 '마음을 담은 편지 1'(시작해볼까요?)과 '마음을 담은 편지 2'(가비아노 피우) 두 권을 만들어 보관했다. 이 책들에 담은 편지들은 내가 아내를 만난 뒤 기독교인이 되고 변화되는 과정을 기록하고 있다. 그 중 몇 편을 옮겨본다.

마음을 담은 편지

오늘은 날씨가 무척 화창하네요. 어제 비가 와서 촉촉하고, 전 이런 아침을 가장 좋아하죠. 상쾌하잖아요.

4월 12일 우리가 첨 만났죠. 아직 보름도 안 됐네…. 그러고 보니! 근데 왜 자꾸만 예전에 본 듯한지요? 같은 학교라서? 혹시 스쳐 지나갔을 수도 있겠네요. 스타벅스에서 처음 봤을 때, 아직도 그때 그 장면을 잊지 못하죠. 영화에서, 소설에서나 그런 줄 알았는데.

"아, 저 사람이다!"

그때의 설렘을 지금도 느낄 수 있답니다. 그런데 첫 만남에서 느꼈던 한 가지가 아직 풀리지 않네요. 눈이 참 예뻤답니다. 눈빛도 맑았죠. 하지만, 그 눈에서 저는 깊은 슬픔을 느꼈습니다. 그저 순전히 저의 느낌이지만. 웃고 있고 장난기 어린 눈에서 어찌나 슬픔이 느껴지던지…. 감기에 걸려서 그랬나보다 했는데, 만날 때마다 그 느낌은 변함없네요. 어쩌면 그것이 나를 이 지경(?)으로 만들었을지도 모르겠어요.

너무 신경 쓰지 말아요. 그저 개인적인 느낌일 뿐인걸요. 아주 짬짬이 들키지 않게 편지 쓰니 스릴 있고 재밌다! 오늘 아침 문안 인사는 요 깜짝 편지로 하려고 메시지 날리지 않았죠. … 오늘도 즐거운 하루 되시고요. 항상 입가엔 미소를!

_2003년 4월 24일, from 이흥승

난 내일 뭐 하냐면, 옛날 학교 다닐 때, 4년 동안 경기도 장학관이란 기숙사에 살았는데, 거기 후배가 분당에서 결혼한다고 하네요. 그래서 거기 가려고요. (중략)

그리고 책 너무 고마워요! 물론 졸려서 많이 못 읽었지만. 그런데, 이걸 이해하려면 진짜로 교회 다녀야 될 것 같아! 하지만, 아직 순종하기에는 내 머릿속엔 그만큼 순수하지 못한 것이 많은 것 같아요.

그리고 어제 했던 고민은 교회를 다니느냐 그렇지 않느냐가 아니었어요. 난 시은 씨랑 같은 교회를 다닐 줄 알고, 그래서 시은 씨가 많이 부담 가질 것 같아 고민했는데(서로 어떻게 될지 모르니까). 막상 혼자 달랑 교회를 가려니 영 내키지가 않아 더 그랬고, 아직은 내가 믿음이 적은 탓이죠. 용기도 적은 거고, 확신도 없는 거고, 그래서 자꾸만 망설여지는 거죠.

어제 쓸데없이 고민하는 모습 보여서 정말 미안하더라. 부담 주려고 그런 건 아니었는데, 더구나 많이 피곤했는데. 너무 부담 갖지 마세요. 다 하나님의 뜻이겠죠, 시은 씨 말대로. 흐르는 대로 자연스럽게. 내가 하고 싶다고 될 수 있는 것도 아니라고 했잖아요. 다 신의 뜻으로 남기겠습니다.

_2003년 5월 2일, from 이흥승

오늘 많이 아팠죠? 다 나았나 모르겠네. 왜 자꾸 아파요? 뭐 신경 쓰는 게 많아서 그런가요? 잠도 못 잤다는 얘기 들어보니…. 아프지 마요. 말 잘 들을게!

어제 같이 교회 가자고 해서 얼마나 놀라고 기뻤는지 아시는지요? 가끔 상상하죠. 내 옆에 시은 씨 있고 시은 씨 옆에 내가 있고, 같이 예배 보는 그런 걸…. 그럼 찬송가 부를 때 시은 씨 목소리도 듣고.

무언가 함께한다는 것은 참 소중한 것 같습니다. 함께 밥 먹고 함께 영화 보고 함께 걷고 함께 이야기하고, 함께 하기에 외롭지 않고 함께 하기에 같은 추억을 간직하게 되죠. 둘이 떨어져 있어도 함께 했던 경험은 둘 사이를 연결해주겠죠. 더구나 영혼의 성장을 함께 이루려고 한다면 이보다 더 좋을 수는 없죠.

함께 한 경험이 많을수록 함께 공유하는 것도 많고, 점점 더 구별은 사라지겠죠. 구별이 사라진다는 것은 하나가 되어간다는 것이고, 하나가 되어간다는 것은 사랑을 하고 있다는 것을 말하는 거고요. 사랑을 하고 있을 땐 상대방이 아프면 둘이 하나이기에 자기도 아프고, 상대방이 기쁘면 둘이 역시 하나이기에 자기 역시 기쁘죠. 이것이 자비이고, 이것이 사랑이라고들 하죠.

영혼이 성장한다는 것은 그래서 아무런 조건 없이 사랑하는 거라고 생각합니다. 참 힘들죠. 겉모양에 따라 그 사람의 신분에 따라, 또는 지위, 재력에 따라 나를 포함한 많은 사람들은 사랑을 하기도 외면을 하기도 하죠. 간사한 이네 마음은, 아직까지 어둠에 있는 이 영혼은 무조건적인 사랑을 하고 있지는 않습니다. 하지만, 영혼의 성장을 간절히 바라고 있기에.

마음 공부를 하려 했습니다. 그 길의 한 가운데 우연히 시은 씨가 있더군요. 현재 나는 수많은 갈림길 중에서 이 길에 서 있습니다. 이 길이 옳은 길이다 그른 길이다 는 이제 제가 판단할 일이 아니더군요. 다 그분의 뜻으로 돌리겠습니다.

_2003년 6월 12일, from 이흥승

오늘 아침에 전철에서 성경책 읽는데, 너무 졸려서 몇 절 읽지 못했죠. 근데, 가방에서 성경을 꺼내는데 왜 이리도 설레는지. (중략)

목사님 말을 빌리자면 집사고 장로고 되면 뭐 하나? 교회 열심히 꼬박꼬박 다니고 봉사 활동 빠지지 않고 다닌 다고 신앙생활 잘하는 기독교인이 아니라고 하더군요. 주님을 내 모든 것의 주인으로 받아들이고 있느냐가 가장 큰 기준이라고 하더군요. 말로만 믿는다고 하는 것도 올바른 기독교인이 아니라고 하더군요. 저 역시 제 생활 에 말씀이 하나하나 스며들도록 말이 아닌 모습으로 보여드릴게요. 많이 도와주세요.

_2003년 6월 19일, from 이흥승

참 그립습니다. 이런 걸 당신은 알고 있을지…. 저녁 늦게 일을 마치고 홀로 차를 타고 갈 때면 당신이 너무도 간절히 생각납니다. 혹여 라디오에서 당신께 들려주고 싶은 음악이라도 흘러나오면 같이 하지 못함을 원망하지요. 잠자리에 누워 눈을 감으면 떠오르는 당신의 모습에 가슴이 저려오는 걸 느낍니다. 당신과 함께 했던 나날을 떠올리며 미소 지은 채 스르르 잠이 들곤 하지요.

아침에 상쾌한 공기를 느끼며 차에 타면 당신의 향기가 납니다. 제 차의 방향제를 당신의 것과 똑같은 커피 향으로 했기 때문이죠. 그래서 내 차에는 항상 당신이 있답니다.

나는 변하고 있지요. 혹여 나의 모습 중에 당신이 싫어하는 모습이 있으면 자꾸만 고치려 노력하죠. 어린 왕자에서 여우가 그런 것처럼, 나는 점점 당신에게 길들여지고 있답니다.

"감사합니다."

어제는 집에 가면서 혼잣말로 그렇게 외쳤답니다. 그토록 가슴 사무치게 그리워할 사람이 있고, 그토록 눈물겹게 좋아하는 사람이 있고, 또 같은 하늘 아래 살고 있다는 사실 하나만으로, 가슴속 깊은 곳에서 감사하다는 마음이 떠올랐습니다.

살아 있음에 감사합니다. 내게 생명을 주심에 감사합니다. 이런 고귀한 인연을 주심에 감사합니다.

예배를 드릴 때 기도하고, 지하철에서 성경을 읽을 때 기도하지요. 감사의 기도를 드립니다.

참 어찌 보면 각박하고, 메말라버린 정으로 서로가 무관심하거나 미워하는 세상에서, 가슴 따뜻하게 사랑할 수 있는 것 자체가 축복입니다. 일상에 지쳐 세상 밖으로 나가고 싶지 않았던 사람이 밝은 미소와 힘찬 걸음으로 세상에 다시 나온 것이 얼마나 큰 축복인가요?

주일 저녁예배에서 목사님께서 설교하신 내용은 성령과 은사 그리고 사랑에 대해서였습니다.

"은사는 하나님의 선물이다. 선물이기에 이제 은사를 받은 사람의 것이다. 하지만 이 은사는 사랑에 바탕을 두고 사용하지 않으면 오히려 독이 된다. 고린도전서 12장과 14장 사이에 사랑의 장이라고 하는 13장을 둔 것은 다 그런 의미이다."

13장 말씀은 가요로 만들어져 불렸던 내용이었습니다.

'사랑은 오래 참고, 사랑은 온유하며…'

오늘 보내줬던 '강아지똥' 이야기… 정말 보잘것없지요.

저도 맨 처음 이 파일을 받을 때 시은 씨처럼 '똥? 윽!' 이 랬던 게 기억납니다. 누구도 거들떠보지도 않고 어떤 소중한 것도 갖고 있지 않을 것 같은 '강아지똥'. 그 속에 아름다운 민들레꽃을 피울 수 있는 위대한 힘이 있었다는 걸 그 누가 알았을까요?

하나님의 조건 없는 무한한 사랑을 가리고 있는 내 관념을 어서 내려놓아야 하겠습니다. 그 누구를 위해서가 아닌 내 행복을 위해서요. 참 많은 두려움이 나를 가로막겠고, 참 많은 시기와 핍박이 있을 겁니다. 주말에 본 영화에서 예수님께서 "나로 인해 핍박을 받을…"이란 말씀이 문득 떠오릅니다. 그 길이 혼자가 아니기에, 그 길에 같이 갈 동반자가 있기에 나는 외롭지 않을 겁니다.

가슴 깊이 감사의 기도를 올립니다. 당신과 나를 위해, 이 세상 모두를 위해서요. 감사합니다.

_2003년 6월 24일, from 이흥승

세상에 나가 증인이 되어라

지금 시계는 11시 15분을 가리키고 있습니다. 작업하다 말고 시은 씨가 너무 그리워 이렇게 편지를 쓰고 있지요. 오늘 하루 종일 몸이 아파서 아무것도 못했답니다. 몸살이 이런 건가? 어디 특별히 아픈 건 아닌데, 몸에 힘이 하나도 없고 나른하고 머리는 너무 무겁고 눈은 침침하고, 눈동자를 돌릴 때마다 녹슨 것처럼 통증이 오네요. 살갗은 까칠하고 옷이나 다른 것에 스칠 때마다 쓰라릴 정도였답니다.

아침 7시에 잠이 깨 겨우 밥 먹고 다시 자다 교회에 지각했지요. 한 10분. 예배 마치고 집에 와서 밥을 먹고 작업하려다 그냥 자리에 누웠는데, 잠에 취해서 일어나 보니 6시더군요. 교회에 6시 45분까지 가야 되는데… 갈까 말까 정말로 망설여지더군요. 옷을 입었다 벗었다 하다가 결국 저녁예배에 갔습니다.

찬양을 드리는데 어찌나 눈물이 핑 돌던지, 낮에도 그랬는데 저녁에도 그러더군요. 가사 하나 하나가 나의 기도가 되었답니다. 설교가 끝나고 찬송가를 부르며 기도하는 시간이더군요. (정확히 뭐라고 하는지 모르지만 주보를 보니 기도사역이라고 써 있네요.)

기도를 어떻게 하는지 모르지만 그냥 하나님을 불렀죠. 참 느낌이 묘했답니다. 말로는 표현하기 어렵네요. 내가 그냥 상상한 건지 모르겠지만, 어느 순간에는 예수님이 하늘로부터 구름 사이로 내려와 말씀을 하시고, 나 역시 예수님과 대화하고 다시 바라보니 "구하라 그럼 주겠다. 무엇을 바라는가?"라고 하셨습니다.

"세상을 사랑하는 큰 사랑을 주십시오."

"큰 사랑을 주었다. 내게로 오라 너는 내 아들이니…."

"주께 나를 드리겠나이다. 나를 받아주옵소서. 주님의 종이 되겠습니다. 저를 받아주옵소서. 저의 가슴에 주님을 모시겠나이다."

몸이 뜨거워지기도 하고 정수리에는 빛과 함께 시원한 바람이 들어왔지요. 어깨부터 손끝까지 저려오고 몸은 무엇이 뿌드득 끊어지는 것 같고, 평소 아팠던 갈비뼈 아래 복부가 저려왔지요. 순간 울컥하며 헛구역질을 하기도 했고요. 머리가 젖혀져 하늘을 바라보고, 손은 저절로 하늘을 향해 들고 밝은 빛을 한없이 받았습니다.

목사님께서 오셔서 내 머리에 손을 얹고 기도를 하셨습니다. 저 멀리 하늘에서부터 정수리에 무언가 꽂히는 느낌이 들더군요. 녹슨 것 같은 눈동자를 돌릴 때마다 통증이 있던 눈은 감았지만, 무엇인가를 보는 것처럼 뚫리더군요.

"보아라, 세상에 존재하는 무한한 사랑을. 보아라, 하나

님의 왕국을. 보아라, 늘 곁에 존재하는 나를…. 보아라,
보아라" 하는 깊은 음성이 들렸지요. "세상에 나가 증인
이 되어라. 세상을 사랑하여라."

기도를 마치고 교제실로 갔는데, 목사님께서 내가 받은
은총에 대해 축복을 해주었습니다. 나는 그냥 평온하고
기쁘고, 뭐가 뭔지는 모르겠지만 그저 감사한 마음이 들
었습니다. 그 외에는 어떤 생각도 들지 않았지요. 무거운
몸이 아주 가벼워졌고, 아팠던 것도 사라졌지요. 운전하
며 돌아오는 길에 순간순간 주님의 임재하심을 느끼고
감사의 기도를 올렸습니다.

"구하라, 그러면 주겠노라."

주님의 음성이 또 들렸습니다.

시은 씨를 만날 때부터 무언가 알 수 없었던, 말로는 딱
히 표현하기 힘들었던 느낌을 말한 적이 있었죠. 뭐, 시
은 씨는 작업 멘트로 받아들였을지 모르지만, 난 분명했
거든요. 시은 씨의 인도로 주님께 가고 있다는 걸, 무언
가 어떤 것이 이끌고 있다는 것을 막연하게 느꼈답니다.
하나님은 무언가 계획하고 계시겠죠. 그것이 무언지 모
르지만, 나이 서른이 될 동안 수많은 일들이 내 인생에
펼쳐졌답니다. 그 사건 하나하나가 모두 다 필요해서 일

어났다는 걸 깨달았지요. 그 사건 중 어떤 것도 지금의 나의 모습을 만드는 데 사용되지 않은 것이 그 어떤 것도 없다는 사실을 깨달았지요.

하나님은 무언가를 계획하고 계시며 나는 그 계획 속에 있다는 걸 깨달았지요. 앞으로 어떤 일이 일어나고 펼쳐 질지는 아무도 모릅니다. 그분만이 알고 계실 뿐이죠. 어리석은 나는 그저 그분에게 나를 맡길 뿐입니다.

"어리석은 내가 올바른 길이 아닌 삿된 길로 가려 할 때 꾸짖고 책망하여 주시옵소서."

나는 그저 목자의 인도를 받는 어린양인 걸요.

시은 씨 고마워요. 시은 씨께도 더욱더 큰 하나님의 은총이 깃들기를 온 정성을 다해 기도드리겠습니다. 오늘 하루도 행복하시고, 늘 하나님의 은총이 함께하기를 빌게요. 항상 부족한 저를 위해 기도해주신 것, 진심으로 감사드립니다.

_2003년 6월 29일, from 이흥승

12장

그대의 사랑이
나를 바꾸었습니다

. . .

장시은 씨를 만나고 그녀에게 콩깍지가 씌었으니, 그녀가 다닌다는 교회 나가는 걸 고려하지 않을 수 없었다. 내게는 쉬는 날인 일요일, 그녀에게는 주님의 날, 즉 주일이 아니면 편하게 만날 시간이 없었기 때문이었다. 하지만 평생 교회라고는 어릴 때 두어 번 친구 따라 가본 것이 전부인 내가 갑자기 기독교인처럼 생각하고 행동할 순 없는 노릇이었다.

그 시절 내 입장은 배우자가 될 여성을 사귀게 되면 그녀의 종교가 무엇이든 따라갈 의향이었다. 성당 다니면 성당으로, 절에 가면 절에 갈 생각이었다. 그저 '배우자가 크리스천만 아니면 되지' 싶었다. 개신교인은 제사를 안 지낸다고 하니 일년에 제사만 일곱 번인 우리집엔 맞지 않을 것 같아서였다. 그런데 내 눈에 콩깍지를 씌운 그녀는 교회를 다닌다. 그것도 아주 열성적으로! 그래서 처음엔 솔직히 아주 잠깐 머뭇거리기도 했다.

하지만 시은 씨를 놓치고 싶진 않았다. 그녀가 교회 다닌다니, 나도 한번쯤 가보는 것도 나쁘지 않겠다고 생각했다. 그래놓고 앞장에 쓴 것처럼 매일 이메일 편지를 쓰고, 신앙 이야기도 가끔 하고, 음악 파일이나 인터넷 링크 주소를 보내며 연애를 시작했던 것이다.

유키 구라모토가 잘못했네

누구나 그랬겠지만, 신자와 불신자 사이로서 우리의 연애는 순탄하지 못했다. 나처럼 남자가 불신자인 경우는 '결혼하면 믿겠다, 교회 다니겠다'라는 약속을 조건처럼 하지만, 가치관이 다르고 살아온 삶의 방식이 다르니 실제로는 맞춰가기가 여간 어렵지 않았다. 그것은 일반적인 성격 차이 이상의 문제다.

갈등의 풍선은 엉뚱한 바늘에 찔려 터졌다. 피아노 음

악이었다. 꼬집어 말하면 유키 구라모토가 잘못했다.

나는 어려서부터 가볍게 들을 수 있는 피아노 솔로 음악을 좋아했다. 곡목과 연주가를 줄줄이 꿰고 있을 정도였다. 한국의 김광진과 이루마는 물론 일본의 유키 구라모토 같은, 이른바 뉴에이지 장르의 피아노 연주곡들을 특히 좋아했다. 나는 시은 씨 같은 크리스천들이 그런 음악에 거부감을 느낀다는 것을 전혀 알지 못했다.

아내를 만나고 난 지 얼마 지나지 않은 어느 주일 저녁, 유키 구라모토의 내한공연이 있었다. 당연히 2장의 표를 구했다. 내가 좋아하는 뮤지션의 공연을 연애를 시작한 여인과 함께 보게 된다니, 기분이 몹시 좋았다. 공연을 본 후 맛있는 저녁까지 먹고 기분좋게 헤어졌다.

다음날 출근했는데, 메신저로 받은 그녀의 메시지가 심상치 않았다. 어제 본 그 공연의 장르가 뉴에이지라고 하던데, 크리스천 쪽에선 좋게 보지 않는 것이라 찜찜하다는 내용이었다. 나는 좀 어이가 없었다. "그게 무슨 상관인가? 그냥 음악인데, 어제 공연 본 건 좋지 않았느냐?"라고 물었다. 그녀는 공연을 같이 본 건 좋았다고 했다. 데이트 자체는 다행히 좋게 여긴 것 같았다. "그러면 된 것 아니냐? 그런데 뭐가 문제냐?"라고 재차 물었다. 결국 논쟁이 붙었다. 급기야 그녀에게서 이런 메시지가 왔다.

"홍승 씨하고 앞으로도 이런 문제가 많을 텐데, 난 그게 두려워요."

나는 이제 뉴에이지 장르 음악은 거의 듣지 않는다. 개인적으로는 뉴에이지 운동과 뉴에이지 음악은 구별해서 볼 수도 있다고 폭넓게 생각하지만, 당시로선 아내의 거부 반응이 전혀 이해되지 않았다.

뉴에이지 운동은 유일신을 믿는 기독교와 달리 어디에나 신이 있고 누구나 신이 될 수 있다고 보는 범신론에 근거한다. 그래서 반기독교적인 종교로 보아 이단시하는 것이다. 인도의 명상음악과 비슷한 음악 중엔 분명히 그런 뉴에이지 운동과 직접적인 관련이 있는 것들이 있어서 금기시하게 된 것 같다. 아내도 그런 견해에 깊이 동조하는 사람이었다. 그러니 유키 구라모토를 좋아하는 내가 불편했던 것이다. 같이 공연을 보고 데이트를 하자고 청하니 따라는 갔지만, 결국 그 불편한 마음을 다음날 메신저로 털어놓은 것이었다.

하지만 나는 '크리스천들은 이래서 안 돼! 뭐 이렇게 융통성이 없어?'라고 생각하고 속이 뒤틀렸다. 그때 나는 아직 크리스천은 아니었지만 뉴에이지 운동을 신봉하는 사람도 아니었다. 그게 무엇인지도 전혀 알지 못했다. 그저 유키 구라모토의 음악이 좋았을 뿐이다. 그런 나를 뉴에이지 신봉자처럼 보는 그녀의 배타적인 모습이 싫었다. 이 정도의 음악을 즐기는 것도 이해하지 못하나 싶어 아쉬웠던 것이다. 게다가 기독교인의 그런 배타적인 태도가 내가 학생 시절부터 생각했던 사회 부조리 현상의 한 원인 같다고 생각해왔기에, 그녀의 태도가 더 마음에 들지 않았다.

나는 기본적으로 권위주의가 싫었다. 이것만 옳고 다른 건 다 틀리다는 식의 관점은 권위주의의 한 모습이라고 보았다. 어떤 것은 옳고 어떤 것은 틀리다는 구분도 좋지 않게 보았다. 그래서 기독교인이 기독교의 진리만 옳다고 주장하고 다른 철학과 종교는 인정하지 않으며 배타적인 것이 싫기만 했다.

사실 음악뿐 아니라 세상의 모든 분야에 대해서도 이건 옳고 저건 틀리다는 식으로 구분하려는 경향이 있다. 기독교인은 특히 그런 것 같다. 하지만 하나님의 관점에서 세상을 넓게 보면, 반드시 그렇게 이분법적으로 보기만 할 필요가 없는 경우가 의외로 많다. 아닌 것은 아니라고 분명히 말해야 하지만, 하나님의 가치관을 모르고 아직 이해하지 못한 사람에게 접근할 때는 설득하는 과정이 필요하다고 생각한다. 불신자도 하나님을 알게 되면, 결국 언젠가 세상도 하나님의 관점으로 볼 수 있게 된다.

하지만 당시 아내는 불신자였던 나를 설득하기가 쉽지 않겠다고 본 것 같다. 그것은 그녀로 하여금 나와 연애를 지속할지 심각하게 고민할 수밖에 없게 만들었다. 유키 구라모토 공연은 그 고민에 불을 붙인 일이었다.

나는 오히려 그 일을 계기로 그녀의 신앙, 즉 기독교가 무엇인지 진지하게 관심을 기울이고 이해하기 시작했다. 나는 늘 '나는 누구인가?'가 궁금했는데, 아내를 만나면서 기독교 신앙에 눈을 뜨기 시작하면서 그 답을 찾아가기 시작했다. 그것은 온전히 아내 덕분이었다고 생각한다. 어찌 보면 뉴에이지 계열의 음악에 대한 견해 차이니 사소한 일이었지만, 나는 그것을 통해 기독교의 의미와 신앙의 초점에 대해 새롭게 생각해볼 수 있었다.

점차 그 사랑을 알아가다

믿기 전의 나는 안티기독교인은 아니었다. 다만 기독교인이 말로만 남의 생각을 바꾸려 하고, 자신의 행동은 하는 말 그대로 하지 않는 걸 볼 때, 기독교와 기독교인에 대해 우호적일 수 없었다. 거기서부터 거부감이 생겼던 것이다. 그런데 아내 역시 내가 불편하긴 마찬가지였다. 자신은 비기독교적이라고 생각하는 뉴에이지 음악을 즐겨 듣고 그런 공연을 같이 보자고 한 사람이다. 그런 내가 점점 바뀌기 시작했다. 그 이유는 다른 데 있지 않았다. 그녀의 사랑이었다.

비기독교인의 입장에서 기독교인이 말로만 진리를 말하고 강요하려 한다면 받아들이기 어렵다. 하지만 그녀의 사랑이 나를 설득하고 생각을 바꾸게 했던 것 같다. 평범한 남녀의 연애였지만, 아내의 사랑이 있었기에 내가 생각을 바꾸려 노력하게 되었고, 사회의 부조리에 기여했다고 오해한 기독교의 진실을 새롭게 보게 만든 것이었다. 그래서 "사랑이 없으면 아무것도 아니다"라는 성경 말씀을 처음 읽었을 때, 나는 무릎을 칠 수밖에 없었다.

나는 복음서를 처음 읽었을 때 예수님이 오셔서 사람들에게 원하신 것은 '외식(外式)을 버리는 것'이었다고 이해했다. 내 눈에, 현대의 크리스천의 모습이 예수님 당시의 바리새인과 많이 닮아보였다.

예수님은 당시 사회에서 낮은 자들, 이른바 하층 계급

의 사람들에게 먼저 찾아가셨고, 사회의 아픈 모습을 보시면서 보듬어주셨다. 그것은 평소 사회운동에 관심을 많이 가졌던 나 같은 사람에게 좋게 보였다. 하지만 적어도 내가 처음 교회를 다니며 성경을 볼 때 기존 크리스천들은 사회의 아픈 모습을 외면하는 것 같았다. 그래서 처음엔 기독교에 대해 거부감을 느끼던, 믿기 이전의 내 생각이 옳았던 것 같다고 생각할 정도였다. 기독교인이 세상보다 더 '복'을 구하는 사람이라고 생각하기도 했으니 말이다.

하지만 직접 성경을 읽어보니 그건 올바른 이해가 아니었다. 특히 처음 읽은 성경인 마태복음을 통해 생각이 많이 바뀌었다. 마태복음의 '팔복' 말씀을 읽고 놀랐고, 초보 신자였지만 로이드 존스 목사님의 팔복강해서까지 읽으며, 내가 기독교에 대해 잘못 알고 있었다는 걸 깨달을 수 있었다. 성경 진리의 엄청난 깊이를 알지 못하면서 무조건 비판했던 것이다.

내 눈에 기독교인에게 외식하는 모습이 많아 보이는 건 그때나 지금이나 사실 여전하다. 크리스천이 성경에 대해 아는 것은 많고 말로는 옳은 내용을 말하지만, 행동은 그렇지 않은 경우가 적지 않은 탓이다. 그러나 그것은 하나님이 언젠가 다시 오시는 날, 심판의 때에 확연히 드러날 것이다. 그저 내가 아는 것은 예수님처럼 이웃을 사랑하는 것이 옳다는 것이다. 나는 아내의 사랑과 인내 덕분에, 그 사랑을 점차 알기 시작했다.

결국 하나님이 가르쳐주신 말씀의 핵심은 내 마음이 변화되는 것이었다. 겉으로 드러나는 행동은 마음에서 나온다. 간음도 행위보다 앞서 음란한 마음을 품을 때 이미 시작된 것이라고 예수님도 지적하지 않으셨는가? 눈으로 죄를 지을 바에야 차라리 눈을 뽑는 것이 낫고, 손과 발로 죄를 지을 바에야 팔과 다리를 잘라버리는 게 낫다는 말씀도 인상적이었다.

마음과 행동이 일치하려면 성령님이라는 이름의 하나님이 내 속에 계셔야 한다는 것도 곧 깨달았다. 내 의지로는 도무지 생각한 대로 바르게 행동하기 어렵다. 삶에서 외식하기 쉬운 나는 말씀대로 잘 살지도 못한다. 그런 마음으로는 주변의 이웃을 제대로 사랑할 수도 없다.

반대로 불신자는 외식하는 크리스천에게서 하나님의 모습을 볼 수 없다. 내가 그랬다. 사랑 없이, 세상과 똑같이 기득권을 가지려는 것이 기독교인이고 교회라면, 그런 종교는 받아들일 이유가 없다고 생각했다. 더구나 사회운동을 하고 마음공부에 심취했던 나로선 기독교의 외식 문제는 관념에서부터 충돌할 수밖에 없었다. 그러던 차에 아내와 뉴에이지 음악으로 의견이 충돌했을 때, 나는 실망하게 되었다. 믿지 않던 내 입장에선 그 정도 문제로 공격을 당하는 것 같아 이해하기 어려웠다. 저런 게 기독교라면 어떻게 믿을 수 있나 싶었다.

사랑 고백으로 끝난 이별 편지

나는 그녀에게 편지 쓰기를 멈추었다. 냉각기가 시작됐다. 그해 5월 봄은 피어 꽃도 만발한데, 우리는 무려 3주간이나 연락을 주고받지 않았다. 하필 이전에 다니던 회사를 그만 둔 것이 그때였고, 나는 다른 회사로 옮기기 전에 일주일간 휴가를 가졌다.

20대 시절에 자주 그랬듯, 나는 혼자 여행을 떠나기로 했다. 홀쩍, 정말 즉흥적으로 떠난 여행이었다. 그녀는 언니의 가족과 동해안과 설악산으로 여행을 간다고 했다. 같은 동해인데, 나는 저 아래 울릉도로 가기로 했다. 지금도 그날의 쓸쓸했던 감정이 기억난다.

새벽에 무작정 청량리역으로 가서 우선 속초로 갔다.

도착하자마자 새벽부터 하루 종일 두 군데 산봉우리를 오르내렸다. 산을 좋아하던 나는 두타산을 먼저 올랐다. 마음이 힘들 때마다 산을 오르곤 했기 때문에, 그때도 잡념을 없애려고 그날은 조금 무리하게 등산을 감행했다. 일천 미터 고봉을 두 개나 오르고 나서 하룻밤을 잔 다음 묵호항으로 갔다. 거기서 울릉도 도동항으로 가는 배에 올랐다.

울릉도에 가서도 해발 980미터에 달하는 성인봉을 새벽같이 올랐다. 그리고 내려오는 길에 그만 무릎을 다쳤다. 이틀 만에 1천 미터 가량 되는 산을 3곳이나 무리하여 등산을 한 것이 화근이었다.

절뚝거리며 간신히 산을 내려와 숙소에 머물러 있어야 했다. 할 일이 없었다. 그녀에게 이별의 편지를 쓰기로 했다. 편지지는 준비해갔다.

편지를 쓸 때 텔레비전을 켜두었는데, 하필 수요예술무대에 유키 구라모토의 공연이 녹화 방송되고 있었다. 내가 그녀와 함께 본 바로 그 공연이었다. '내가 저 공연 때문에 헤어지는 것이로구나' 하는 생각이 드니 기분이 묘했다.

울릉도의 밤은 깜깜했지만 고요하진 않았다. 여기저기

서 트로트 음악을 크게 틀며 얼씨구절씨구 하는 아주머니들의 노랫가락이 소란스러웠다. 그 속에서 쓰는 나의 이별 편지의 서두는 평소처럼 낭만적이었다.

문득, 아주머니들의 노랫소리 너머로 멀리서 철썩이는 파도 소리가 들려왔다. 규칙적이었다. 철썩, 철썩, 귀에 감기는 그 소리 속에서 뭔가 깨달음이 왔다. 그 생각을 편지에 그대로 썼다.

"누가 뭐라 하든 저 파도는 태초부터 지금까지 계속해서 저렇게 쳐왔을 텐데, 시은 씨가 믿는 하나님도 그런 분이신가요?"

이별의 말을 적으려던 편지는 결국 사랑의 고백으로 끝나고 말았다. 봉투 속엔 지폐 한 장도 넣었다. 친구들과 차 한 잔 하라는 뜻이었다. 그녀는 그 편지에 마음을 열었다. '뇌물' 때문이 아니라, 하나님에 대해 마음을 연 나의 마음을 본 때문이었을 것이다. 아내는 친구들과 언니들에게 나를 소개하기 시작했다.

4부

소망과 감사

이제는 옛날처럼
살 수 없어요

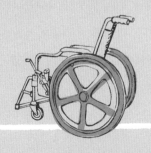

13장

내게 역사적인 일이 생겼습니다

• • •

아내가 내 마음을 받아준 다음, 고향 청년회에서 유일하게 교회를 다니던 후배 생각이 났다. 하필 아내와 같은 장씨였다. 주일에 모임이 있어도 교회 간다고 늘 빠지기만 해서 내가 전화를 걸어 야단을 친 적이 많았던 친구다. 그는 술자리에 참석은 해도 끝까지 술은 마시지 않았다.

내가 예수를 믿는 여성과 연애를 시작했는데, 그녀가 다니는 교회는 지금 우리 부부가 다니는 서울 강남구 서초동의 창신교회다. 파주의 우리집에서는 너무 멀었다. 할 수 없이 집 근처의 교회를 다녀야 하겠는데, 그 후배 생각이 났던 것이다.

• • •

"어우, 형님이 오랜만에 웬일로 저를 찾으세요?"

"야, 임마! 웬일은…. 내가 너 다니는 교회 나가도 괜찮겠냐? 이 형님이 연애를 하는데, 하여튼 교회를 다녀야 하게 생겼다. 그래서…."

"아이고, 당연히 괜찮지요. 이번 주일에 꼭 오세요."

후배가 다니는 교회는 교인이 다 모여야 60여 명 됐을까? 작은 개척교회였다. 교회를 처음 나간 6월 첫 주엔 환대를 받고 얼떨결에 예배를 보고 왔고, 다음 주엔 청년부라는 데 인사를 하고, 곧 이어 목사님 댁에서 같이 식사를 했다.

사실 그녀가 내게 교회를 가라고 강요한 적은 없었다. 판단을 나에게 맡겼다. 그게 더 무서웠다. 어쨌든 그렇게 해서 내가 교회를 나간 날은 그녀를 만나고 만 4주 만이었다. 그리고 또 4주 만인 6월 29일 주일 저녁, 내게 역사적인 일이 생겼다. 성령 체험이란 것을 한 것이다. 다음 주가 추수감사절이라고 미리 나눠준 헌금봉투에 그날 바로 돈을 넣어 낼 정도로 교회를 전혀 몰랐던 내가, 하나님의 은혜가 무엇인지, 십자가가 무엇인지조차 전혀 몰랐던 내게 주님이 찾아오신 것이다.

그날은 울릉도를 다녀온 지 정확하게 4주가 지난 뒤였

다. 6월 29일 주일 저녁예배 시간이 되었다. 낮에 집에서 쉬고 있다가 예배 시간이 가까워진 것을 보고 차를 몰고 교회로 갔다. 교회는 집에서 15분 거리였다.

예배 시간은 저녁 7시, 주일 저녁인데 얼마나 가기 싫었겠는가? 월요일엔 보고할 일도 많았다. 그날따라 몸살 기운이 있어서 저녁예배는 가고 싶지 않았는데, 어떤 힘이 나를 이끄는 것만 같았다.

작은 교회였지만 그날따라 찬양이 뜨거웠다고 기억한다. 찬양이 끝나자 인도자가 기도를 하자고 제안했다. 그래서 나도 기도를 시작하는데 몸이 이상했다. 뒤에서 누군가 나를 꽉 붙잡고 있는 느낌이 들었다. 그때 내 자리는 맨 뒤였다. 교회 간 지 한 달이 채 되지 않았던 내가 주로 앉던 자리는 목사님의 강대에서 볼 때 왼쪽 뒷자리 구석이었다. 나는 그날도 앞자리로 가지 못하고 쭈뼛거리며 뒤에서 기웃거리듯 예배를 보고 있었다. 그러니 내 뒤에 누가 더 있을 수 없었다. 그런데도 누군가 뒤에서 내 머리를 쥐고 뒤트는 것만 같았다. 급기야 내 머리가 돌아가는 것 같았다. 관절을 돌릴 때처럼 우두둑 하는 소리가 났다. 내게서 뭔가를 뽑아내는 것 같기도 했다.

그러고 난 다음, 나를 붙잡던 힘이 사라지면서 눈물이

폭포처럼 쏟아지기 시작했다. 이상한 광경이 눈에 선해지고 음성이 들리는 것 같았다. 누군가 내게 "아들아" 하고 부르고 있었다. 그 소리에 반응해야 할 것 같아서였는지, 내 입에선 나도 모르게 이상한 소리가 나오기 시작했다. 내 입에서 내가 하지 않은, 나도 모르는 말이 쏟아져 나왔다. 그것이 방언이란 걸 나는 나중에야 알게 되었다. 이날의 경험을 시은 씨에게 편지로 써서 보냈는데, 그 내용이 11장의 편지 중에서 마지막에 소개한 것이다.

그런 경험은 그 뒤에도 몇 번 더 하게 되었다. 내가 깊이 의식하지 못했을 뿐이었다. 목사님은 그것이 내가 성령세례를 받은 것이라고 설명해주셨는데, 초등학생에게 수학 미적분을 설명하는 것 같아서 이해할 수 없었다. 나는 그것이 무엇인지 몰라도 그저 좋기만 했다. 목사님은 내게 이제부터라도 성경을 많이 읽으라고 권하셨다. 나의 신앙생활과 성경 읽기는 그렇게 시작되었다.

성령 세례를 받고 달라진 것

사실 성경은 교회를 나가기 전에 이미 선물 받은 것이 있었다. 회사의 이사님이 모친의 장례를 치르신 다음에 주신 것이다. 이사님의 친척 중에 내게 소개시켜주고 싶은 사람이 있다고 하셨는데, 그러던 차에 내가 지금의 아내를 만난 것이었다. 만나게 된 사람이 크리스천이라고 말하니, 크리스천이셨던 이사님이 잘 됐다며 내게 성경을 선물해주셨던 것이다. 그때 받은 성경을 읽기 시작했다. 창세기부터 시작해서 바쁜 와중에도 짬짬이 읽고, 출퇴근 길에는 차 안에서 통독을 했다.

성령체험을 하기 전, 예수를 경험적으로 아는 은혜를 받기 전의 나는 시니컬한 사람이었다. 누가 나를 냉혈한이라 해도 변명할 말이 없을 정도였다. 아주 날카롭고 논리적이고, 어떤 논쟁이든 끝까지 해서 이겨야 직성이 풀렸다. 그런 내가 달라졌다. 세상이 따뜻해졌다. 이유 없이 기뻤다. 성경에서 말하는 범사에 감사하고 항상 기뻐하라는 말씀이 그냥 이해되었다. 억지로 감사하고 일부러 기뻐할 필요가 없었기 때문이다. 그냥 감사했고 기뻤다. 범사에 감사하는 것이 내 삶의 주제가 되고 말았다. 성령님이 나를 바꿔놓으신 것이다. 내 앞에 주어질 모든 일에는 다 하나님의 계획이 있고, 그 계획이 비록 사람의 눈에 좋지 않아 보일지라도 결국 좋은 길로 인도하실 것이라는 믿음이 생겼다.

내가 한 경험이 성령세례라는 것을 알게 되면서 성령 충만에 대해서도 배우게 되었다. 성령충만은 마치 배터리가 완전히 충전된 것과 같다는 설명을 들었다. 하나님으로 가득한 상태인 것이다. 나는 존재할 틈이 없다. 나는 오직 하나님이 내 안에 가득해야 그 힘으로 신앙생활을 할 수 있고, 크리스천으로서 세상을 살아갈 힘을 얻는 것이다. 내 힘으로 하려면 그렇게 할 수 없다. 이웃을 사랑할 수 없고 말씀대로 살지도 못한다.

나는 그날 이후, 예배 때 체험한 일들과 성경을 읽고 깨달은 내용을 그녀에게 수시로 써서 보냈다. 당연히 편지의 내용도 달라졌다. 단순한 연애편지에서 성경 이야기와 하나님의 은혜를 나누는 내용으로 바뀌어갔다. 글의 양도 질도 완전히 달라졌다. 사람이 바뀐 티가 확 날 수밖에 없었다. 이 책의 11장에 공개한 것처럼, 내가 당시에 쓴 편지를 보면 하루가 다르게 영적으로 변화되고 빠른 속도로 성장해갔던 것 같다.

염세주의자였고 사회주의자를 자처했던 나였다. 명상에 빠질 때는 인생을 고해의 바다로 보고 온갖 잡지식과 허무주의에 빠져 있었다. 그러던 내가 하나님의 광대하신 은혜를 체험하면서, 사는 것이 가치 있고 아름답고 행복해졌다. '내가 누구인가'라는 질문은 더 이상 중요하지 않았다. 나는 하나님의 창조물이고, 아담의 원죄와 함께 본질적으로 죄인이었으나, 예수님의 십자가로 구원받은 새로운 피조물이다. 이보다 더한 행복의 이유는 없었다.

아내는 나를 만나고도 한두 달간은 주변에 연애 사실을 알리지 못했다고 했다. 내게 믿음이 없는 것이 가장 염려스러웠기 때문이다. 언니나 아주 가까운 이들에겐 사귀는 사람이 생겼다는 말은 했지 나를 소개할 엄두는 나지 않았던 모양이다. 처음엔 주일에도 그녀가 다니는 창신교회에 오지 못하게 했다. 답답했던지, 시내의 영락교회 예배에 나를 데리고 간 적도 있었다. 그랬던 그녀가 나를 친지에게 소개하기 시작했다. 특히 언니에게 내가 보냈던 편지를 묶은 책자를 보여주었다. 그 책엔 짧은 기간 동안 영적으로 급변한 내 모습이 담겨 있었다. 언니는 절반도 보기 전에 "이 사람 됐다. 솔로로 살겠다던 네가 같이 살 사람이구나" 하며 승낙했다고 한다.

안동 장씨 집안에서 태어난 처형은 믿지 않는 집에서 초등학교 5학년 때부터 혼자 신앙생활을 시작한 분이다. 교회는 연애당이라고 가지 못하게 하던 집안에서, 아빠도 아닌 백부에게 매까지 맞아가며 교회를 나갔다고 한다. 그랬던 처형의 승낙은 처가의 승낙을 받은 것이나 진 배없었다.

결혼의 다음 장벽은 내 아버지였다. "교회 다니는 며느리라니, 제사도 안 지낼 것 아니냐"라며 반대하셨다. 철저한 유교 신봉자이신 아버지는 "예수쟁이라는 인간들은 어떻게 조상도 없이 태어났느냐"라며 "아주 배은망덕하다"라고 욕을 하셨다. 기독교인을 그렇게 싫어하실 수 없었다. 그래도 나는 밀어붙였다. 안동의 처가에 찾아갈 때도 내가 고집을 피워 내려갔듯, 아버지에게 인사를 시키는 일도 밀어붙였다.

다행히 아버지는 시은 씨를 보더니 "참하고 괜찮네"라고 하셨다. 어머니도 "그만하면 됐다. 싹싹하고 좋네" 그러시면서 결혼을 승낙하셨다. 일단 결혼시켜놓으면 제사는 지내러 오겠지 생각하셨던 것이다. 하지만 내가 그렇게 바뀔 줄은 상상하지 못하셨다.

일 년에 일곱 번 제사 지내는 집이라 설날처럼 차례 지내는 날이야 가서 도와드렸지만 다른 제사는 가지 않았다. 오랜 세월이 지나, 결국 제사는 집에서 사라지고 말았다.

뒤늦게라도 깨달은 것

내겐 두 살 위의 형님이 있는데, 어려서 소아마비를 앓아 몸이 불편하다. 나는 막내였지만, 나에 대한 부모님의 기대치는 높을 수밖에 없었다. 형은 몸이 불편하니, 내가 잘해야 하고 달라야 한다고 부모님은 자주 강조하셨다. 나는 그 소리가 싫었다. 자연스레 형도 싫어하게 되었다. 나도 투정을 부리고 싶었지만 형이 있으니 허락되지 않는 집안 분위기가 싫었던 거다.

하지만 돌아보면, 형은 동생인 나를 몹시 아끼고 챙겨주었다. 내가 자전거를 배울 때 밀어주기도 했다. 고등학생 때 심하게 다투기도 했지만, 그렇게 싸우고 나서도 결국 형은 나를 동생으로 대해주었다. 하지만 나는 형을 수치스럽다고 생각했다. 장애인이라서, 못난 형이라고 부끄러워했다. 명상을 할 때 형에 대한 수치심을 다스리고 없앤다고 노력했지만, 뿌리 깊은 곳에선 사라지지 못하고 있었다. 결혼하고서도 1년에 한두 번 연락할까 말까 하는 사이였다. 오히려 아내가 형님에게 자주 연락하라고 내 옆구리를 찌르곤 했을 정도였다.

그런데 이제는 상황이 역전되었다. 이렇게 된 동생을 형은 수치스럽게 생각할까? 내 몸은 형보다 훨씬 불편하게 되었다. 형은 짧고 절뚝거려도 걸어 다닐 다리가 있고 자유롭게 움직일 수 있는 손이 있다. 하지만 나는 이제 그렇지 못하다. 오히려 내가 내 몸을 보고 나를 수치스럽게 여기게 생겼다.

뒤늦게 깨달았다.

'하나님이 내가 잘못 생각한 것을 고치시려고 하시는구나.'

내가 부끄럽게 여기는 것, 나보다 낮은 자를 멸시하는 것을 회개하게 하셨다.

단학선원에서 명상을 배울 때, 내 마음을 보는 힘은 가지게 된 것 같다. 내가 왜 이렇게 염세주의에 빠졌는지, 내가 누구인지 끊임없이 나를 탐구해나간 과정이 나라는 존재를 이해하고 발견하는 데 도움이 된 건 사실이다.

자신을 성찰하는 것은 유효하다. 하지만 하나님을 만나고 나니 나의 본질적인 모습이 죄인이라는 것을 보게 됐다. 명상은 그것까지 가지 않는다. 내면의 자신이 추악하다는 것까지는 인정해도, 그것으로 자신이 죄인임을 인정하는 것까지 가진 않는 것이다. 오히려 사람 속에 신성이 있다고 말한다. 자신이 신이 될 수 있다고 가르친다. 성선설에 가까운 접근이라고 할 수 있다.

하지만 내가 예수를 믿고 알게 된 나는 본래 악한 죄인이었다. 기독교의 인간관은 성악설에 가까운 것이다. 물론 하나님이 태초에 지은 인간은 하나님이 보시기에 좋았으나, 인간이 하나님의 명을 어기고 선악과를 택한 결과 죄에 빠지고 말았기 때문이다. 그래서 나는 개인적으로 인간에 대해선 성선설보다 성악설이 맞다고 생각한다.

전도할 때 성악설이 맞는지 성선설이 맞는지 물어보는 것으로 이야기를 끌고 갈 때가 있다. 성선설을 주장하는 이를 만나면 "아이 낳아 키워봐라. 그 어린 게 얼마나 악한지 아냐?" 하며 성악설을 전개해간다. 그러면서 복음의 필요성을 이야기하는 것이다.

명상 같은 관념적 추구로는 본래 악한 우리가 치유 받을 수 없고 결코 깨끗해질 수도 없다. 나는 아내를 만나고 기독교인이 되면서, 인간을 새롭게 알게 되었다.

사람이 나눌 수 없습니다, 끝!

결혼식은 창신교회에서 열렸다. 그때 담임목사셨던 신세원 목사님의 주례사는 짧고 단순했다. 목사님이 주례사를 하셨는지, 신랑이 모르고 있었을 정도였다.

"이 부부는 만세 전에 하나님께서 맺어주셨습니다. 그러므로 사람이 나눌 수 없습니다."

이것이 주례사의 전부였다. 이제 아내와 나눌 수 없는 관계가 됐다는 선언이었다. 나는 하나님과도 갓 맺어진 사람이 됐다. 그것도 끊을 수 없기는 마찬가지이다. 그러니 신혼도 신앙도 뜨겁긴 마찬가지였다.

2003년 4월에 아내를 만나 4월 29일에 성령세례를 받고 다음해 3월 1일 창신교회에서 결혼했는데, 신혼생활과 신앙생활의 초기 열정은 흥미롭게도 비례했다. 하지만 하나님과의 연애 온도는 3년쯤 지나면서 신혼의 열정이 시들어가듯 시들기 시작했다.

신혼 시절엔 예배에도 꼬박꼬박 참석할 뿐 아니라 성경 공부도 열심히 하여 아내의 칭찬과 격려를 받기도 했다. 아내는 기독교인들이 흔히 하는 말로 나중 된 자가 먼저 됐다고, 내가 자기보다 더 뜨겁게 기도하고 성경 보고 교회 생활도 열심히 한다고 놀라워했다. 그렇게 약 3년간, 이른바 '성령충만하게' 살았던 것 같다.

결혼한 첫 해엔 아기를 갖지 않기로 했다. 이듬해 아기를 가지려 했는데, 잘 되지 않았다. 급기야 처음 잉태된 아기는 유산되었다. 어렵사리 두 번째 임신을 했는데, 기

형아가 태어날 수도 있다는 진단을 받았다. 의사는 양수
검사를 권했다. 하지만 나는 반대했다. 양수검사를 받는
다고 기형아가 정상아가 되는 것도 아니라면, 하나님이
주시는 대로 받자고 했다. 지금 생각해도 초보 신자 아빠
로선 기특한 생각 같다. 그래서 태어난 아이가 첫째 우
림이다.

우림은 기도하다가 떠오른 이름이다. 혹시나 싶어 성
경에서 같은 단어를 찾았더니 구약시대 제사장이 가슴에
다는 보석의 이름이었다(출 28:30). 뜻은 빛이라고 했다.
한편, 우림이라는 호를 쓴 독립운동가가 있다는 사실을

검색하여 알았다. 뜻은 '더불어 숲'이었다.

우림이는 아기 때도 지금도 밝고 예쁘다. 우림이를 잉태했을 때 꾼 태몽이 신기했다. 화분에 꽃이 피어 올라오는데, 대를 따라 곧게 자라 오르는 것이었다.

어떻게 항상
웃으실 수 있어요?

• • •

2007년 우림이가 태어나면서 대개의 젊은 부부들이 겪는 육아전쟁이 시작되었다. 밤과 낮의 생활이 바뀌기 시작했다. 더구나 나는 2005년에 지금 다니고 있는 닐슨으로 옮긴 다음이라 일이 많을 때였다. 그리고 2010년에 둘째 요한이가 태어났다. 나는 그 사이에 신앙생활보다 사회생활에 더 바빠졌다.

사실 닐슨은 시장 조사를 주요 업무로 하는 에이전시(agency) 회사다. 자연히 일이 많을 수밖에 없다. 나는 2009년에 팀장으로 승진했다. 하지만 그해 실적은 그리 좋지 않았다. 할당된 목표를 달성하지 못한 것이다. 그러니 이듬해엔 목표를 달성해야 했다. 중압감이 상당했다.

같은 해인 2009년, 교회의 한 집사님에게서 중등부 부장을 보좌하는 부감을 맡으라는 권유를 받았다. 하지만 거절했다. 아내에게는 주일에 회사 일이 있다고 거짓말하고 집에 들어가 자기도 하던 때였다. 1부 예배를 가도 앉자마자 잠에 빠지기 일쑤였다. 물론 피곤했기 때문이다. 하지만 성령충만하지 않게 된 것이 진짜 이유였다.

예배 후 회사에 일이 있다고 회사에 가는 척하고 교회를 나가서는 집에 가서 자다가, 아내가 오후예배 끝나고 집에 돌아올 시간이 되면 잠깐 나갔다가 돌아오는 척했다. 말 그대로 선데이크리스천이 되고 말았다.

나의 '이중생활'은 더 심해졌다. 회사 일은 더 많아져 새벽 4시나 5시에 퇴근했다가 잠깐 쉬고 오전 10시에 출근하는 날이 많았다. 요한이를 낳은 아내는 육아 휴직중이었는데, 아내와의 관계는 더 소원해졌다. 하나님과 멀어졌을 뿐 아니라 아내와도 멀어진 것이다.

성령충만을 놓치지 말아야 했다

제자훈련을 받을 때 배운 것이 '하나님이 가장 싫어하시는 것은 거짓'이었다. 내가 거짓말을 하면 관계에서 문제가 생길 수밖에 없다. 하나님과의 관계는 물론이고 사람과의 관계도 마찬가지다. 그래서 회개는 거짓말을 고백하고 솔직해지는 것이다. 그러면 하나님과 관계가 새로워질 수 있다. 당연히 사람 사이도 솔직해져야 관계가 회복된다.

그런데, 예수를 믿고 성령세례까지 받았던 사람이 어떻게 그렇게 빨리 옛날로 돌아가 거짓말을 밥 먹듯 하는 사람이 될 수 있었을까? 이유는 간단했다. 성령세례는 일회성이지만 성령충만은 날마다, 아니 순간마다 놓치지 말아야 했기 때문이다. 그것은 훈련으로 되는 습관이기도 하다. 경건생활을 훈련하지 않으면 언제든 옛날의 모습으로 빠르게 돌아갈 수 있다.

하지만 실적과 목표에 목숨을 걸다시피 한 나는 자연스레 일중독에 빠지고 있었다. 계속 불안하기만 했다. 어쨌든 그렇게 일에 열중하다 보니, 팀장이 된 이듬해엔 새로운 조사방법을 도입하면서 성과를 내기 시작했다.

마케팅 조사 분야에는 '쇼퍼 리서치'(shopper rsearch)라는 것이 있다. 마케팅 조사 기법의 패러다임 자체를 소비(consumption) 측면에서 구매(purchase) 중심으로 바

꾼 것이다. 유통이 중요해지는 세상인지라, 시장에서 실제적인 구매 결정자(쇼퍼)의 행동 패턴을 알지 못하면, 기존의 마케팅 방법이 아무리 탁월했어도 효과가 떨어지는 시대이기 때문이다.

기존의 리서치가 소비자를 대상으로 사용 경험을 파악하는 조사였다면, 쇼퍼 리서치는 구매 시점의 의사결정이 어떻게 이뤄지는지에 초점을 두고 관찰해 마케팅 현장에 반영하는 것이다. 그 조사방법 중 하나가 '아이 트래킹'(eye tracking)이다. 아이 트래커라는 CCTV 비슷한 고성능 카메라를 설치해, 매장에 온 소비자의 눈이 어느 매대를 향하는지 기록하는 것이다. 눈높이(eye level)가 중요하기 때문이다. 구매 결정 시점에 소비자의 눈이 주로 어디를 향하는지 알게 되면, 홍보 전단지나 주력 상품을 사람들의 눈이 평균적으로 가장 많이 머무는 위치와 높이에 진열해두면 된다. 이렇게 고객의 눈길이 가장 많이 머무는 곳을 골드존(gold zone)이라 부르고, 고객의 눈길이 가지 않는 곳을 콜드존(cold zone)이라 부른다. 이런 조사 기법에 따라 매장을 혁신하게 한 대표적 사례가 L사의 '베스트샵'이었다.

아무튼 이런 일을 하면서 거의 미쳐 살다시피 했다. 첨

단 조사 기법으로 만들어진 대용량의 정보, 이른바 빅데이터(big data)를 분석하는 일은 복잡해서 조사 기간도 길지만 분석 작업도 복잡하기 때문이다. 만약 그 당시에 일에 쏟아부은 열정의 일부라도 교회생활과 경건생활에 사용했다면 지금 내 삶은 어떻게 되었을까? 종종 그때 생각을 할 때가 있다.

나는 몸이 이렇게 된 후로 수시로 돌이켜보는 습관이 생겼다. 무조건 앞으로 돌진하기만 하진 않는다. 조금이라도 내가 살아온 시간을 돌아본다. 어떤 일을 하다가 힘들어지거나 후회되는 일이 생기면, 몇 시간 전 혹은 며칠 전으로 돌아가 보는 것이다. 그리고 어디서부터 잘못했는지 점검해본다. 그러면 어디서 실수했는지, 무엇을 놓쳤는지 발견할 수 있다. 교회 일도 회사 일도 가정 일도 마찬가지다. 돌아보아야 교정이 가능하다.

돌이켜보면 요한이를 낳고 회사 일에 매진하고 있을 때, 내 영적 상태는 암흑기였다. 그해 8월부터 S사 관련 프로젝트를 진행하고 있었다. 컨슈머 세그멘테이션(segmentation)이라는 어려운 조사였다. 12개 국가의 조사를 조정해야 해서 해외출장도 잦았다. 회사 입장에선 큰일이었다. 그러던 중에 패혈증에 걸리게 됐던 것이다.

그런 힘든 일을 겪고도

회사에 복귀한 뒤, 내가 아프기 전에 회사에서 만든 모임이 하나 생각났다. 회사 내에 산악회를 만든 것이었다. 등산이라야 고작 단 한 번 해본 것에 불과하지만.

내가 지금 다니는 회사로 옮기면서 서원하듯 다짐한 일은 사실 따로 있었다. 다름 아니라 신우회를 만드는 것이었다. 그러나 신우회가 아니라 산악회를 만들었던 것이다.

2011년 9월 1일, 회사에 다시 출근해보니 그 전날인 8월 31일자로 퇴사한 이들이 몇 있었다. 그들 중에 산악회 회원도 있었을 것이다. 회사는 할 일이 여전히 많았고, 그만큼 업무 강도는 셌다. 그런 상황에서도 나는 적응하라는 배려를 받고, 당분간은 일주일에 사흘 정도만 출근해도 되었다.

내가 본격적으로 바빠지기 전이라 그랬는지 몰라도, 복귀하고부터 한동안, 이전에 하지 못했던 경험을 회사에서 종종 하기 시작했다. 점심시간이나 짬이 날 때마다 직원 중에서 한두 명씩, 마치 순번을 정한 것처럼 나를 찾아와 인생 상담을 하자는 것이었다. 그러면 카페나 사내 휴게실에서 그들을 만나곤 했는데, 어떤 여직원은 자기가 힘들어하는 이야기를 털어놓더니 내 앞에서 눈물을 쏟기도 했다.

상담을 원하는 이는 주로 후배들이었는데, 그 중엔 내가 치료를 받는 사이에 입사해 처음 보는 이도 있었다. 그들은 이 회사에 와서 내 이야기를 들었다가, 직접 보니 이야기를 나누고 싶었던 것 같다. 그들 눈에는 힘든 일을 겪고도 재활하여 회사로 복귀한 내가 경이롭게 보였을 것이다. 이런 사람에게라면 자신의 삶의 이야기를 털어놓아도 되겠다고 생각한 것 같다. 오래 전부터 친하게 지내던 직원들은 말할 필요도 없었다.

그들이 털어놓은 이야기는 어찌 생각하면 평범한 것이지만, 사회에서, 특히 직장 동료에게 쉽게 꺼낼 수 있는 것들은 아니었다. 결혼한 여성이 시부모와의 갈등 때문에 괴로워 신경정신과까지 다닌다는 이야기, 외국 유학을 다녀온 사이에 부모님이 이혼해 연락마저 끊겨져 정신적으로 힘들고, 처가에 들어와 시부모와 남편 사이에서 힘들어한다는 이야기까지, 그런 은밀한 이야기들을 내게 꺼낸다는 것이 신기하기만 했다. 심지어 공황장애를 앓게 돼 우울증 약을 먹고 있다는 고백을 털어놓은 후배도 있었다. 그런데 내 모습을 보고 일종의 도전을 받는다며, 이제는 약을 줄일 수 있겠다고 말했다. 그 후배처럼 고민을 털어놓고 스스로 답을 말하는 경우가 대부분이었다. 나는 주로 들어주기만 하면 되었다.

어떻게 항상 웃으실 수 있으세요?

우리 회사의 주 업무는 정보 분석이다. 직원들은 여느 기업 못지않게 지적 능력이 높은 사람들이다. 그런 이들이 자신의 이야기를 털어놓는다는 건 예삿일이 아니다. 나는 속으로 이런 이야기를 내게 왜 하나 싶어 처음에는 어리둥절하기만 했다. 하루는 우울증을 먹고 있다고 말한 친구가 내게 이런 질문을 했다.

"팀장님, 우리나라에 왜 점집이 이렇게 많은지 아세요?"

나는 생각해본 적이 없던 문제라 "글쎄요. 전통적으로 미신을 믿는 토속신앙이 있어서 그런 거 아닐까요?"라고 말했다.

"옛날엔 그랬는지 몰라도요, 지금은 아닌 것 같아요. 그냥 사람들이 말할 데가 없어서 점집에 상담하러 가는 경우가 많거든요. 어떻게 보면 점집이 상담소인 셈이죠. 좋은 이야기 해주니까 위안 받으려고 가는 거예요."

현대인은 누구나 내면에 상처와 스트레스가 가득하지만, 다른 사람 누구에게도 내밀한 이야기를 함부로 꺼낼 수 없다는 것이 그의 설명이었다. 그런데, 그런 사람들이 내가 뭐라고 자기 이야기를 스스럼없이 꺼내놓는 것일까? 나는 그에게 물었다. "당신이나 다른 직원들이 나한테 자기 이야기를 하는 이유가 뭐 같으냐?"라고.

"팀장님이 그런 힘든 일을 겪고도 다시 일어서시고, 이렇게 힘들게 전동 휠체어 타고 회사 나오셔서도 하나도 힘든 표정 짓지 않으시고 얼굴엔 미소가 늘 가득하시잖아요. 어떻게 항상 웃으실 수 있으세요? 사실 충격이거든요. 저흰 솔직히 말하면 그 이유가 너무 궁금해요. 뭔가 많이 달라지셨어요. 몸이 이렇게 되셔서가 아니라, 표정 보면 진짜 마음과 생각이 달라진 것 같아서요. 모든 사람에게 겸손하게 대하기도 하시고, 그래서 아마 직원들이 팀장님에겐 자기 이야기를 해도 되겠다고 생각하는 거 아닐까요? 저도 물론 그렇고요."

그의 말을 듣고 사실 내가 더 놀랐다. 나는 그저 죽다 살아났을 뿐 아니라 다시 회사에 나와 일할 수 있게 됐다는 사실만으로도 기쁘고 감사해 어쩔 줄 몰라, 그냥 웃고 만나는 모든 사람이 반갑고 사랑스러울 뿐이었다. 더구나 같은 회사에서 동고동락하는 직원들이 아닌가? 그들을 많이 알고 모르고는 상관없었다.

힘들게 일어나 옷 차려입고 휠체어에 의지해 지하철을 타고 불편한 보도를 지나, 평소보다 오래 걸려도 어쨌든 회사에 출근했으니, 나는 이 상황이 마냥 기쁘고 감사하기만 했다. 그래서인지 얼굴엔 나도 모르게 미소가 피었고, 만나는 사람마다 겸손한 태도로 대했을 것이다. 그런데 그게 사람들에겐 신기해 보였나 보다.

증거자와 위로자가 되어라

나는 직원들과 대화할 때 처음부터 신앙 이야기를 꺼내진 않았다. 어느 정도 대화를 나눈 다음, 나에 대해 좀더 궁금해 하면 이렇게 질문하곤 했다.

"내가 이렇게 된 전후 사정은 알 거고, 사실은 내가 이번 일을 겪으면서 하나님을 더 깊이 만났다는 이야기는 잘 모를 거예요. 그 이야기 좀 해도 될까요?"

그러면서 그들에게 내가 만난 하나님을 이야기했다. 듣고 싶지 않다고 고개를 돌린 이는 아무도 없었다.

"아, 팀장님이 이렇게 웃으실 수 있는 비밀이 하나님

이었군요!"

문득, 깊은 잠에서 깨어나고 팔다리를 절제한 다음, 재활하는 내내 기도하며 곱씹었던 나의 소명이 생각났다. 하나님의 명령이었다.

"세상에 나가서 나의 증인이 돼라!"

내 몸은 비록 이렇게 장애를 입었지만, 건강한 몸으로 일반인처럼 복음을 전했다면 더 좋았겠지만, 나는 오히려 이렇게 되어 사람들에게 더 큰 '음성'으로 복음을 전할 수 있게 되었다는 걸 알게 되었다. 더구나 사람들의 속마음을 듣고 복음을 전할 기회를 더 많이 갖게 된 것이다.

내가 그들과 마찬가지로 멀쩡한 몸을 가지고 있다면 말로는 위로한다고 할 수 있어도 진정한 위로는 되지 않을 것 같다. 그들은 내가 자기 이야기를 들어주고 있는 것만으로도 위로가 되는 것 같았다. 하나님께서 내게 복음의 증거자가 될 뿐 아니라 '위로자'가 될 것이라고 하신 말씀이 또한 이해되었다.

세상엔 마음이 아픈 사람이 너무나 많다. 겉으론 똑똑하고 돈도 있고 몸은 건강해도 속은 썩을 대로 썩어 언제 터질지 모를 시한폭탄 같기도 하다. 그들에겐 위로가 필요하다. 위로는 어떻게 전할까? 우선 그냥 들어주면 된다. 그리고 예수 그리스도를 전한다. 예수 그리스도, 그분 자체가 우리에게 위로이시니까. 비록 당장 예수님을 영접하진 않더라도, 언젠가는 그들에게 예수님이 삶의 주인이 되어, 그분이 진정한 위로자이신 걸 알게 될 것이다.

직원들의 이야기를 들어주고 내 이야기를 나누다보니 자연스레 회사 일에 대해 기도를 요청받는 일이 생기기도 했다. 회사에 무슨 문제가 생기거나 큰 프로젝트를 맡아 발표를 앞둔 이들이 내게 기도 부탁을 하는 것이었다. 다른 사람보다 내가 기도해주면 더 '효과'(?)가 있을 것 같다는 말도 했다.

회사의 고마운 배려

2011년에 복직한 후 한동안 내 업무 강도는 이전에 비해 높은 편이 아니었다. 알고 보니 사장님의 배려였다. 나를 통해 단기간의 성과를 얻기보다 장기간 근무할 수 있도록 하자는 뜻이셨다. 그런데 1년쯤 지난 어느 날, 그 무렵에 부임하신 임원이 나를 자동차에 관한 새 프로젝트의 팀장으로 추천했다. 사내 혹은 사외에서 그 일을 맡을 사람을 물색했는데 결국 찾지 못하다가, 경력을 보니 아무래도 내가 적임자로 보였나 보다.

하지만 나를 팀장으로 세우겠다는 기안서에 결제를 받으러 사장실에 들어갔다가, 그만 그 임원께서 사장님께 야단을 맞으셨다는 후문을 들었다. 내가 입원중일 때 영입된 임원인지라 나에 대해 잘 모르셨던 것 같다. 좌우간 나를 생각해준 그 임원께 감사하기도 하고 죄송하기도 했다. 사장님은 내 능력을 무시해서가 아니라, 그저 내가 회사에서 오래 근무할 수 있도록 배려하자는 의도를 다시 확인해주신 것뿐이었다. 회사는 항상 일이 우선이지만, 어떤 직원의 특별한 상태를 고려해 커리어 플랜(경력 계획)을 세우는 것도 중요하다는 점을 강조하셨다고 한다. 말하자면, 고위직이 되고 승진을 목적으로 하는 경쟁 트랙이 아닌, 장기간 근무를 목적으로 삼은 것이다. 새삼 회사 경영진의 배려에 깊이 감사드린다.

그날 그 임원께서 나를 부르시더니 오히려 사과를 하셨다.

"이홍승, 내가 이 일엔 자네뿐이라는 확신이 들어서 사장님께 보고했는데, 그냥 엄청 깨졌어. 내가 자세한 상황을 잘 이해하지 못하고 그랬네. 미안하네."

나는 그 무렵 특별한 팀 소속 없이 '지식 경영'(knowledge management) 업무를 담당하고 있었다. 그러나 그 일이 계기가 됐는지, 외부 영업은 안 하더라도 내근으로 팀 관리와 프로젝트 진행자 역할을 하게 되었다. 결국 2013년부터 팀장으로 발령이 났다. 사장님은 처음엔 반려하셨지만, 고민 끝에 그 일을 맡게 하신 것 같다. 그리고 이후 10년 넘게 팀장 업무를 계속 해오고 있다.

이제는 그렇게 살 수 없어요

회사에 복귀하고 직원들을 만나게 되면서, 비록 소수이지만 신우회 모임을 가지기 시작했다. 병실에 누워 있을 때, 신우회를 만들어야겠다는 생각을 했기 때문이다. 말이 신우회이지 간단한 기도모임에 불과했다. 매주 목요일, 한두 명이 모이기 시작해 1년쯤 지나자 열댓 명까지 모이곤 했다. 하지만 직원들의 이동이 잦은 편이어서 2년을 채우지 못하고 모임을 그만 두게 되어 아쉽다.

기도모임은 은혜로웠다. 아무래도 내가 어려운 일을 극복하고 회사에 나와 있는 모습이 기도모임을 갖게 한 기본은 되었던 듯하다. 서로 의심 없이 자기 이야기를 털어놓고 기도 부탁을 하는 건 당연하고 자연스러웠다. 회사에서 일어난 일은 물론 집안일과 신앙적인 고민 등, 비록 점심시간 한 시간의 모임이지만 나눔은 풍성했다.

회사 일은 신앙이 있고 없고를 떠나 스트레스의 연속일 수밖에 없다. 아무래도 성과를 내야 하는 게 직장인의 의무다. 일 자체는 좋아하더라도 성과 때문에 기쁨이 사라질 수 있다. 그러다보면 숫자 싸움에 밀려 사람들에게 친절해지기 어렵고, 각자 미친 듯이 일중독에 빠지기 쉽다. 내가 사실 그랬다. 나는 거의 미친 듯 일에 빠져 살았다.

하지만 나는 이제 그렇게만 살 수는 없다. 물론 회사 일에 최선을 다해야 한다. 하지만 그 일 자체가 나를 구원하진 않는다. 하나님께서는 먼저 그의 나라와 의를 구하라고 하셨다.

일 자체는 주님께 하듯 성실하게 하지만, 직업 자체가 삶의 목적이 되어선 안 된다는 걸 나는 아픈 후에 알았다. 오히려 일을 통해서 하나님을 보고 하나님을 보여줄 수 있어야 한다. 나의 착한 행동을 보고 사람들이 하나님의 살아계심을 보게 하는 것, 그것이 직장에서 내가 보여야 할 모습이다. 회사의 기도모임에서 우리는 주로 그런 이야기를 나누었다.

내가 하나님과의 관계가 회복되자 내 일터도 바뀌는 것

같았다. 사실 나도 이제는 회사에서의 승진이 별 의미 없어졌다. 원래 지금쯤이면 나는 최소 국장이나 이사는 되었을 것이다. 그러나 회사의 배려도 있고, 나는 그저 일을 즐겁고 성실하게, 내가 할 수 있는 최선을 다하려 노력할 뿐이다. 중요한 것은 일과 가정, 그리고 자신의 내면을 자주 들여다보며 삶의 균형을 잡는 것이다.

15장

가정의 제사장으로
다시 섭니다

· · ·

가족이 없었다면 나는 어떻게 되었을까, 당연히 생각해
본 추측이다. 앞서 아내와 나눈 연애편지를 공개하기도
했지만, 그 누구보다 아내가 없는 내 인생은 꿈에라도 상
상할 수 없다. 딸 우림이와 아들 요한이와 아내의 자리는
비교해서 생각해볼 것이 아니므로, 아이들은 내 말을 이
해하리라 믿는다.

　아내는 내가 아프기 전이나 아플 때에도, 그리고 아프
고 나서 집에 돌아와서도 나의 모든 걸 챙겨준 사람이다.
무엇보다 내가 영적으로 바로 서도록 기도하고 챙겨주었
다. 아버지학교도 아내가 등록해주었고, 제자반에 가게

· · ·

된 것도 아내가 해준 일이다.

결혼할 때 아내가 내게 해준 말이 있다. 남편은 가정의 제사장이라고, 우리 가정의 소망을 하나님께 올려드리고, 하나님의 뜻을 우리 가정에 전달하는 역할을 하는 사람이라는 말이었다. 가정은 작은 공동체이며, 이 공동체의 리더는 아빠, 곧 남편인 나라는 것을 강조했다.

가정이라는 공동체가 하나님의 뜻을 따라 온전히 살아갈 수 있으려면 제사장인 남편, 아빠, 다시 말해 내가 바로 서야 한다고 했다. 그렇게 사는 것이 가장으로서 나의 역할인데, 다만 아버지라고 해서 권위부터 내세우면 안 된다고 했다. 가부장적 개념과는 다른 것이므로 전통적인 권위적 남편과 아빠가 되는 것은 아니라고, 착각하지 말라는 말이었다. 이게 결혼 초에 내게 해준 말이다. 아내는 아울러 두 가지를 당부했다. 하나는 사람 바라보지 말라는 것, 둘은 그냥 하나님만 바라보라는 것.

그런데 나는 직장생활을 한답시고 아내가 당부한 제사장으로서의 역할도, 진정한 가장으로서의 역할도 제대로 하지 못한 것 같다. 결혼할 무렵 회사를 옮기면서 일이 바빠졌고 정말 열심히 일했다. 팀장으로 발령받으니 더 바빠졌고 자연히 가정엔 소홀해질 수밖에 없었다.

팀장이 되니 팀원일 때보다 업무량이 두 배는 된 것 같았다. 일은 할수록 많아진다. 주중엔 새벽같이 출근했다가 잠들어 있는 아이들 얼굴을 제대로 보지도 않고 지쳐 쓰러져 잠들었다가 또 다시 출근하는 날이 반복되었다.

신혼 때, 하루는 퇴근했는데 아내가 문을 잠그고 열어 주지 않았다. 왜 그러냐고 사정하니 문 너머에서 아내의 투정이 들려왔다.

"너는 나더러 집이나 지키고 있으라고 나랑 결혼했니?"

하지만 우림이가 생기고 나서도 계속 바쁘기만 했다. 당연히 집안의 대소사는 모두 아내 몫이 되었고, 아이 교육이든 뭐든 다 아내가 감당해야만 했다. 나는 어느덧 아내와 대화가 줄어들고, 집이 아니라 하숙집에 다니는 느낌이 들었다. 당연히 아이에게 아빠로서 해준 것도 별로 없었다.

가정의 제사장으로 돌아오다

아프고 나서 집에 돌아오자 내 역할이 오히려 아내와 뒤바뀐 것 같을 때가 많았다. 아무래도 아이들과 같이 있는 시간이 많아졌고, 옛날에 비해 대화할 기회도 많아졌다.

아내가 아이들이 아기일 때부터 성경 통독과 큐티 훈련을 시켰는데, 자연스럽게 아빠인 내가 아이들과 함께 성경을 읽고 큐티를 했는지 점검하는 역할을 맡게 되었다.

내가 퇴원했을 무렵 우림이는 교회 유치부에 다니고 있었다. 어느 날 유치부 교사로부터 우림이가 큐티를 안 하고 있는 것 같다는 이야기를 듣게 되었다. 평소 같으면 엄마가 들을 이야기를 내가 들은 것이다. 원래는 아내가 아이들 큐티를 챙겼는데, 요한이가 태어난 이후 아무래도 챙기기가 버거워졌고, 우림이가 어느 정도 컸으니 알아서 하고 있는 줄 알았는데, 종종 빼먹고 있던 걸 몰랐던 것이다.

그때만 해도 아이들이 달라진 아빠에게 잘 적응하지 못해서였는지 나와 아이들의 관계는 서먹한 편이었다. 그건 내 몸이 변해서만은 아니었다. 워낙 그 이전부터 아빠로서 아이들과 충분히 관계를 갖지 못했기 때문이었다. 그래놓고 가장으로서 가족을 위한답시고 바쁜 척만 하고 모든 교육을 아내에게만 맡기고 살았다는 것이 후회되었다. 아이들 앞에서 창피하기도 했다.

우림이가 큐티를 하지 않았다는 이야기를 듣고 어떻게 할까 생각하다, 이제부터 내가 우림이와 같이 큐티를 하면서 우림이를 챙기겠다고 마음먹었다. 그러면서 우림이가 다시 시작한 성경 통독이 초등학생이 지나기 전에 7독에 이르게 되었다. 요한이도 2독째 돌파하는 중이다. 그런데 어려서부터 엄마가 챙긴 우림이는 확실히 성경을 꾸준히 읽고 이해하고 집중하는 태도가 좋은 것 같다.

나는 내 아버지가 예수를 믿지 않으셔서 어려서 나를 위해 기도해준 아버지가 없었다. 예수 믿고 나서 그게 늘 아쉬웠다. 다른 교회 친구들을 보면 부모님이 기도 많이 해주시고 집안 분위기 자체가 크리스천 가정 같아서 보기 좋았다. 고민도 갈등도 없어 보였다. 이제는 우리집 분위기도 그렇게 되어가는 것 같다. 이것이 내가 가정의 제사장으로 다시 설 수 있게 되면서부터 시작된 변화 같아 감사하기만 하다.

아이들과 같이 성경을 공부하다

최근 몇 년 전부터는 아이들과 성경공부를 시작했다. 마침 유상섭 담임목사님이 그 무렵 창세기부터 요한계시록까지 성경의 주요 부분을 망라한 성경공부 책을 내셨는데 제목이 《성경핵심 이해하고 기도하기》(아르카 간)이다.

모두 365개 항목이어서 1년 365일 하루도 빠짐없이 가정예배를 드리기에 딱 좋은 분량이다. 혼자서 큐티를 할 때도 적당한 분량이고, 내용도 그 성경의 해당 부분을 이해하는 데 부족함이 없다. 설명도 어렵지 않아서 아이들에게 직접 읽게 하고 질문해봐도 충분히 이해하는 걸 볼 수 있다. 이 책이 우리 집의 가정예배 교재가 되었다. 큐티는 각자 정한 본문으로 해나가고, 나는 그 책을 가지고 아이들에게 성경을 가르칠 수 있게 되었다. 아이들이 궁금한 내용은 아빠에게 질문하고 나는 아는 만큼 설명해주고 즉석에서 성경퀴즈를 하기도 한다.

그러던 중에 하루는 우림이가 조금 지쳐보였다. 성경퀴즈를 할 때 우림이보다 요한이가 더 잘 맞힐 때도 있었다. 약속대로 큐티를 하고 성경을 공부했다면 그럴 리가 없는 일이었다. 이상한 느낌이 들어 우림이에게 큐티 노트를 가지고 와보라 했다. 그러자 쭈뼛거렸다. 노트를 보니 큐티를 매일 하고 있다는 말은 거짓이었다. 그 무렵을 기준으로 지난 1년간 큐티노트를 기록한 날보다 하지 않은 날이 더 많아 보였다. 일주일에 적어도 한두 번은 빠진 적이 있었다. 아이가 야단맞을 것 같았는지 주눅이 들어 보였다. 하지만 나는 그게 다 아빠인 내 잘못이라는 생각이

들어 야단치지 않았다. 아빠도 잘못했다고 말해주고 같이 기도했다. 그리고 우림에게 자기 방에 들어가 기도하고 오라고 했다. 한 30분이 지났을까? 그동안 아이가 생각이 많았던 것 같다. 다시 아빠랑 기도하자고 했더니 펑펑 울었다. 나는 딸을 축복했다. 아빠가 화를 낸다고 해결될 일도 아니고, 이제부터는 거짓말도 하지 말고 이 큐티를 왜 하는지 생각해보고, 잘해보자고 다짐했다.

우림은 그날 이후로 부모에게 거짓말을 하지 않는다. 사춘기가 오면서 조금 힘들어하기도 했지만, 그래도 꾸준히 계속 하려고 노력하는 것 같다. 고마울 따름이다. 어느 날 이런 말을 했다.

"아빠, 내가 하나님을 안 믿는 거 아니야. 엄청 사랑해. 아빠도 엄마도 사랑하고 예수님도 사랑해. 그런데 이렇게 매일 빠지지 않고 성경공부하고 큐티 하라고 하니까 좀 힘들어. 가끔 빠지면 안 돼?"

나는 웃으며 딸에게 답해주었다.

"우림아, 좀 지겹긴 할 거야. 그런데 우림아, 너는 하나님이 어떤 분이라고 생각하니?"

얼른 대답하지 못했다. 답은 뻔하지만 그 상황에서 무슨 말을 해야 할지 모르는 것 같았다.

"우리 알잖아, 하나님이, 예수님이 어떤 분이시고 우리를 위해 무엇을 해주셨는지. 그런데 우리가 조금만 다른 거 생각하고 며칠이라도 말씀을 보지 않으면 하나님 말씀 까먹고 모르게 되잖아. 우리를 위해서 뭘 해주셨는지조차 잊어버리고 말이야. 그래서 우리가 매일 성경을 읽고 성경공부를 하려고 애쓰는 거야. 하나님이 우리를 향해 진짜 큰 꿈이 있으신데, 우리가 성경공부를 안 하면 그걸 몰라요. 살다 보면 세상적인 것에 빠져 살게 될 거고, 그러다 보면 하나님과 멀어지고 엉뚱하게 하나님이 싫어하시는 일을 하게 될지도 몰라. 그게 다 말씀에서 멀어질 때 그렇게 된단다."

그날 무려 1시간 넘게 딸과 이런 이야기를 나누었다. 쉽지 않은 이야기인데, 우림이가 내 말을 들어주고 이해하려 애쓰는 것 같았다. 아빠는 아이들이 자라는 과정에서 한두 번은 이런 대화의 시간을 가져야 할 것 같다. 곧 요한이와도 이런 대화를 하게 될 날이 올 것이다.

부모가 먼저 말씀을 들어야

기독교 가정에서 교육은 아이들에게만 하는 것이 아니라

고 한다. 성경에서 중요한 교육의 가르침이 '쉐마' '이스라엘아 들으라' 하는 말씀인데, 그걸 주로 아이들에게만 강요하는 말씀으로 적용하곤 했다. 하지만 원래 그 말씀은 부모가 먼저 들어야 하는 말씀이라고 한다. 부모가 먼저 하나님 말씀을 듣고 배워 그대로 실천하여 자녀들에게 본이 되어야 하기 때문이다.

아이들은 아버지 앞에서 잔소리를 듣고 배우는 것이 아니라, 아버지의 등을 보고 배운다고 한다. 아빠가 집에서 성경을 읽는지, 성경말씀대로 살아가는지, 그 등을 보고 배우는 것이다. 나는 이런 원리를 교회 목사님의 설교를 통해 배우면서 마음속 깊이 찔렸고 "아멘" 했다. 목사님은 설교의 적용으로, 부모가 집에서 성경공부를 할 때는 일부러 자녀들이 보는 장소에서 공개적으로 티를 내며 하라고 하셨다. 그래야 아이들이 보고 배운다는 것이다. 부모가 하지 않으면 아이들도 하지 않고, 부모가 하는 일은 아이들도 하게 된다고 강조하셨다. 그건 명백하고 확실한 말씀이다. 이건 아버지학교에서도 들은 교훈이기도 하다.

가끔 내게 있는 쓴뿌리나 단점이 아이들에게 나타나는 것이 보였다. 말은 배운 대로 하겠다고 하지만 실제로는 게을러져서 하지 않거나, 반대로 더 잘하겠다고 지나치게 노력하는, 다시 말해 인정받으려는 욕구가 강한 성격이 요한이나 우림에게 보였다. 나부터 버리고 고치면 좋겠다는 모습이 자녀에게서 보일 때, 겁이 났다. 그럴수록 힘들게 사셨던 내 아버지에 대한 생각이 더 들기도 했다. 아버지의 마음을 알면 하나님 아버지의 마음을 이해하는 데 도움이 된다.

하나님 아버지의 마음을 알다

우림이가 아주 어릴 때 사고를 당한 일이 있었다. 우림이 키보다 높은 곳에서 바닥으로 떨어져 머리에 피가 나고 순식간에 부어오른 것이다. 떨어진 높이가 약 1미터는 되었던 것 같다. 응급실로 가서 CT 촬영을 하고 검사 결과를 기다리는데, 아이가 놀라고 아파서 그랬는지 계속 칭얼거렸다. 할 수 없이 내가 아이를 업고 병원을 돌아다니며 달랬다. 그때 문득, 내가 산에서 놀다 잘린 나무에 배가 찔려 수술을 하고 통원치료를 다닐 때, 아버지가 강둑을 따라 나를 업고 거의 2킬로미터를 걸으셨던 기억이 났다. 그건 내 인생에서 가장 진하게 남아 있는 아버지에 대한 이미지이다.

저녁이 다 될 때였던 것 같다. 날은 어두워지고 강물이 졸졸 흐르는 소리를 내고 있었다. 개구리가 울고 풀벌레 소리도 났다. 걷기가 불편했던지 어리광을 피우고 싶어 그랬는지, 나는 아버지에게 업어달라는 부탁을 했다. 평소 같으면 나도 그런 부탁을 하기 어렵고 아버지도 잘 들어주지 않으셨을 것인데, 아버지는 묵묵히 등을 내주셨다. 그리고 무려 2킬로미터나 강둑을 따라 조용한 시골 길을 걸으셨던 것이다. 그사이 저녁은 빨리 찾아왔고 하늘엔 은하수가 서둘러 떴다. 아버지 등은 넓어 편했고 금세 깜깜해진 시골의 강물에 비친 달과 별빛은 너무나 아름다웠다. 우림을 업고 있을 때, 환한 병원의 복도에서 문득 그날의 기억이 떠오른 것이다.

'아, 우리 아버지가 나를 업으셨을 때도 이런 마음이셨을까? 나 때문에, 그 힘들고 먼 길을 나를 업고 걸으셨는데, 자식이 아프기보다 차라리 내가 아프면 좋지 않을까, 하는 생각을 아버지도 하셨을까? 딸이 다쳐서 내 마음이 이렇게 아픈데, 그때 내 아버지 마음도 그러셨겠구나.'

아버지를 생각하니 속에서 뭔가 뜨거운 것이 올라오는 느낌이었다. 그날 우림에게 일어난 일을 생각하자, 어느덧 하나님 아버지에게까지 생각이 미쳤다. 내가 하나님을 떠나 바쁘게만 살다 병이 들고 아파서 죽어갈 때, 하나님도 나를 보시고 이런 마음이 아니셨을까? 하나님을 떠나 불순종하며 세상일에만 빠져 지옥을 향하고 있었는데, 병원에서 팔과 다리를 자를 때, 하나님 아버지는 얼마나 마음이 아프셨을까?

'하나님 아버지, 저를 향한 마음이 그러셨겠군요.'

하나님 아버지의 마음을 알 것 같았다. 어쩌면 내가 아프게 된 것도 하나님께 돌아오게 하시려는 극한의 조치는 아니셨을까? 두렵지만, 혹시나 그러셨던 것은 아니셨을지, 가끔 생각하곤 한다.

예수는 믿었는데 왜 변화되지 못했을까?

병원에 입원중일 때 나 자신에게 이런 질문을 던져보았다. 나는 왜 하나님을 만나고 성령 체험도 하고, 예수 믿는 아내를 사랑하면서 은혜를 많이 받고 믿음을 가졌으면서도, 불순종하고 믿음에서 실패했을까?

재활병원에서 퇴원하고 일상생활로 돌아가면서 몇 년 뒤 교회에서 하는 제자훈련에 참가하게 되었는데, 나는 그 과정에서 내가 하나님을 떠나 불순종하며 죄의 길에 빠지게 된 이유를 어렴풋이나마 알게 되었다. 그건 내가 은혜를 받고 믿음을 갖게 되었지만, 나 자신을 영적으로 훈련하는 일에는 전혀 시간을 내지 않았기 때문이었다.

퇴원하고 나서 2,3년 지나자 내가 다시 옛날로 돌아가는 것 같았다. 그렇게 큰 구원의 은혜를 받고 소명까지 받았는데, 왜 다시 나쁜 습관이 나오는 걸까? 의아했다.

제자훈련을 받아보니 그 이유는 다름 아니라 내가 영적인 훈련을 받지 않아서였다. 경건의 훈련이 성화의 과정에서 필요한 건데, 나는 예수를 믿고 교회는 다녔지만, 경건의 훈련을 제대로 받은 적이 없었다. 거듭나고 나서 어떻게 살아야 하는지, 하나님을 알기 위해 어떤 노력을 기울여야 하는지, 이때의 노력은 내가 내 삶의 주인으로서 하는 노력이 아니라 하나님의 뜻을 이루기 위한 노력이라는 점 등을 훈련하면서 배웠다. 그건 결코 혼자서, 개인적으로 하긴 불가능한 일이었다. 두세 명 이상이 모인 공동체에서, 최소한의 소그룹에서 함께 훈련해나가는 과정이 필요하다.

교회에서 영적인 공동체로서 내게 도움을 준 모임은 또래 가정들의 모임인 TNG였다. 각 가정의 숟가락 개수까지 알 정도로 친밀해진 관계다. 이들이 내가 입원하고 재활하기까지 큰 도움을 주었음은 말할 것도 없다. 그리고 재활한 뒤 시작한 제자훈련 공동체가 내게 경건의 훈련을 하게 도움을 준 또 하나의 모임이다.

은혜의 유통기한이라는 말이 있다. 옛사람의 습관의 힘이 워낙 강하기 때문에 아무리 큰 은혜를 체험하고 깨달아도 어떤 훈련을 더 하지 않으면 길어야 1년이면 은혜의 유통기한이 끝나고 만다는 말이다. 성령의 세례는 한 번 받는 것이지만, 성령의 충만은 날마다 순간마다 구하고 추구해야 할 일이었다. 그래야 은혜의 유통기한을 늘리고 지속할 수 있다. 하지만 혼자서만 그걸 추구하고 훈련하고 있으면 아무래도 연약해져 넘어지고 실패할 수 있는데, 같이 훈련하며 그 과정을 서로 지켜보고 격려하는 공동체가 있으면 실패할 가능성이 줄어든다. 그러므로 우리는 개인의 경건생활과 신앙생활도 물론 중요하지만, 언제나 공동체로서의 신앙생활을 잃지 말아야 한다.

이제는 내가 영적 멘토로서 그런 공동체를 이끌며 한두 명에게 제자훈련을 시키고 있다. 자기만 제자훈련을 받는 것에서 끝나면 그 은혜도 자칫 썩을 수 있는데, 다시 누군가를 섬기는 제자훈련의 멘토가 되면 흘려보내는 섬김을 통해 자신이 썩지 않게 되는 유익이 있다.

제자훈련 과정은 물론 쉽지 않다. 책을 읽고 독후감을 내야 하고 교회에 대한 이론과 지식을 공부해야 하고, 기독교적 세계관 같은 수준 높은 신학 이론까지 섭렵해야 한다. 매일 기도하고 말씀을 보는 것은 당연하다. 그러다 보니 내가 이전에 몰랐던 내 모습의 이유가 보이기 시작하고 나의 문제도 선명해지는 걸 느꼈다.

이 몸 그대로 단기선교를 다녀오다

교회의 제자훈련 과정을 마치면 국내선교를 가거나 목사님을 따라 인도로 단기선교를 가는 커리큘럼이 있다. 유상섭 담임목사님이 해마다 인도의 선교지를 방문해 단기간에 집중적으로 성경을 가르치고 오시는데, 그 길에 동행하는 것이다. 나는 제자훈련을 받기 전 국내선교로 사량도에 다녀왔고, 제자훈련을 마친 다음엔 러시아와 인도에 다녀올 기회도 있었다. 먼저 사량도에 다녀온 이야기부터 회고해본다.

사량도는 경남 통영시에 속한 남해의 섬이다. 교인 가운데 나에게 사량도 선교에 같이 가자고 제안한 친구가 있었다. 나는 그때까지만 해도 선교를 간다면 왠지 몸이 멀쩡하고 사회적으로도 좀 성공한 사람이 가는 게 맞다는 선입견이 있었다. 그래서 두렵기도 해서 가자는 제안을 거절했는데, 의사인 그가 나를 설득했다. 뭐가 두렵냐고, 그냥 하나님 믿고 가는 거라고.

가는 길이 멀어 도중에 휴게소에 여러 번 들러야 했다. 휴게소 화장실에 가려면 누군가에게 업혀야 했다. 밥도 먹어야 해서 휴게소 식당에도 업혀서 갔는데, 재활 후 그런 곳에 처음 간 것이라 얼굴이 화끈거리기도 했다. 사람들이 나를 쳐다보는 것 같아서였다. 하지만 처음만 어색했지 그것도 반복되니 별 상관이 없었다. 돌아올 때는 더 자연스러웠다. 결국 장애에 대한 자신의 생각이나 주변의 시선도 관념에 지나지 않다는 것을 새삼 느껴보았다.

사량도에 가서 내가 할 일은 역시 많지는 않았다. 섬마을이라 할머니 같은 노인들이 많았는데, 내가 맡은 일은 선교 활동 스케줄을 관리하는 타임키퍼와 비디오 촬영이었다. 내가 걷지도 못하는데 무슨 촬영을 하라는 건지 처음엔 의아했다. 하지만 오히려 나은 측면이 있었다. 작은 캠코더라 오른쪽 의수를 잘 사용하면 촬영이 가능했다. 게다가 휠체어를 타지 않았는가. 길을 따라 이동하며 찍으면 걸으며 찍는 것보다 훨씬 자연스러운 화면을 만들

수 있었다. 마치 전문 촬영감독이 트레일러에 카메라를 싣고 촬영하는 분위기가 연출되었다. 우리 선교대원이 해변을 청소했는데, 그걸 멀리서 따라가며 촬영하니 멋진 장면을 찍을 수도 있었다. 한 손가락으로 촬영한 것을 나중에 편집하고 선교보고서도 내가 직접 만들어 교인들에게 보여주었다. 그렇게 해서 사량도에는 두 해에 걸쳐 두 번이나 다녀올 수 있었다.

사량도 어르신들은 나를 보고 처음엔 무척 놀라셨다. 다리도 팔도 없는 사람이 휠체어를 타고 카메라를 들이대니 신기했을 것이다.

선교대원들이 할머니와 할아버지에게 마사지를 해드리는 일이 있었는데, 내가 그걸 카메라에 담고 있을 때 한 할머니가 혀를 차시더니 갑자기 치마 속에서 만 원짜리 지폐를 꺼내주셨다.

"할머니, 저희에게 이런 거 주시면 안 돼요. 그러실 필요 없어요."

나는 극구 사양했지만 할머니는 완강하셨다.

"내 사위 같아 보여서 그래. 그냥 받어! 사실, 내 사위가 오래 전에 죽었어. 아파서 죽었는데, 자네 보니 그 사위 생각이 나서 그래."

할머니가 눈물을 글썽이시는데, 그 손을 더는 뿌리칠 수 없었다. 주시는 돈을 받았다.

"잘 살아. 힘들어도 잘 견디고."

나는 전도를 하러 간 것인데, 할머니가 오히려 나를 위로하셨다. 그 일은 사량도에 두 번째로 갔을 때 일어났다. 아마도 그 전 해에 내가 방문했을 때 나를 눈여겨 두었다가, 다음 해에도 그런 모습으로 와서 봉사를 하니 측은한 마음이 드셨나 보다.

러시아와 인도에서 전도하고 기도하다

러시아에 간 것은 고등부 부장을 맡고 있을 때였다. 전도 사님이 아이들을 데리고 러시아 선교를 가겠다는 계획을 세우셨고, 고등부 아이들 중에서 5명 가량이 가기로 해서 부장인 나도 비록 몸은 이래도 같이 가기로 한 것이었다. 일반적으로 이럴 때면 부장이 따라가는 건 당연한 일이지만, 나는 갈까 말까 고민하지 않을 수 없었다. 그때 제자반의 한 형제가 "형님이 러시아 가시면 나도 따라가겠다"라고 해서 가기로 결심했다. 그는 나 때문에 인도에 선교하러 가려는 계획을 바꾸기까지 했다.

아프기 전에 중등부 부감 직분을 제안받은 적이 있었다. 하지만 그때는 바쁘다는 핑계로 순종하지 않았다. 그랬는데, 오히려 팔과 다리가 없어진 다음에 부장으로 섬기라는 말씀에는 순종하지 않을 수 없어 부장이 된 것이었다.

그런데 뜻밖의 문제가 발생했다. 러시아에 가기로 한 아이들 중에 관계에 문제가 있어 그런지 그 아이가 가면 안 가겠다며, 가기로 했던 여자아이들이 다 가지 않겠다고 한 것이다. 게다가 남자 아이 한 명도 어머니가 만류해 포기하고 말았다. 결국 남학생 한 명, 나, 그리고 후배 전도사님과 청년들 몇 명이 팀이 되어 러시아 선교를 가게 되었다.

러시아에서는 블라디보스톡 현지에서 한인 선교사님이 목회하시는 교회와 연결돼 사역했다. 간 지 사흘째 되던 날, 뜬금없이 선교사님이 내게 간증을 하라는 부탁을 하셨다. 말도 안 통하고 딱히 제대로 된 통역을 해줄 사람도 없을 것 같은데, 무슨 간증을 하라는 것인지 막막했다. 전도사님의 설교라면 선교사님이 그럴싸하게 통역하겠지만, 간증은 좀 다르다. 나의 특수한 상황도 묘사해야 해서 단순하지 않을 것 같았다.

　　그런데 마침 근처에 있는 한인교회 담임목사님의 자녀 중에 결혼을 앞두고 있던 딸이 한국에서부터 예비신랑과 함께 인사를 하러 와 있었다. 그 딸은 어려서부터 그 땅에서 자랐고, 당시 서울대학교에서 러시아어를 전공하고 있었다. 선교사님의 사모님이 그 따님에게 통역을 부탁했더니 흔쾌히 승낙했다. 가히 최고의 통역자였다. 나는 마음 놓고 간증을 할 수 있었다. 내가 러시아에 가서 무슨 일을 할 수 있을까 싶어서 처음엔 두렵고 회의적이었는데, 하나님께서는 이미 모든 것을 예비해두고 계셨다.

러시아 사람들은 무뚝뚝했다. 아이들은 거칠었다. 선교팀의 물건을 함부로 가져가기도 했다. 하지만 조금씩 친해지면서, 우리들이 불어주던 풍선을 자기들이 알아서 가져가 분 다음 친구들에게 나눠주며 교회로 불러오기도 했다. 아이들 중에 뽈리나라는 여자아이가 유난히 기억난다. 여덟 살에 행색은 남루했는데, 유난히 내게 관심을 보이며 잘 따라주었다. 마지막 날에는 그런 아이들이 맨 앞줄을 차지하고 찬양도 열심히 했다. 얼굴이 굳어 있던 어른들이 내 간증을 듣고 얼굴이 풀릴 뿐 아니라 심지어 울기까지 했다. 예배 후 식사를 준비하던 그 교회의 사모님은 평소에 볼 수 없던 광경이라 '이게 뭔 일인가' 싶어 놀라셨다고 했다. 표정이 딱딱하고 우리를 낯설어하던 러시아 사람들이 마지막 날 예배에서 내 간증을 듣고 은혜를 받았는지, 울기까지 하면서 밝고 따뜻하게 변한 모습이 나 또한 놀라워 보였다.

구원이 갈급한 이들을 위해

인도에 갈 때는 전동 휠체어가 있었지만 가지고 가지 않았다. 그걸 비행기에 싣고 이동하는 건 힘들기 때문이다.

나와 친한 집사 한 분이 나를 데리고 다니기로 해서 동행
하여 인도에 갈 수 있었다. 담임목사님은 2박 3일간 성경
강의로 강행군을 하셨고, 우리는 오후 시간을 이용해 가
정을 방문하며 간증도 하고 사영리로 전도를 하기도 했
다. 인도는 영어가 가능해 서툴더라도 영어로 복음을 전
했는데, 그들도 영어를 아주 잘하진 못했지만 어느 정도
알아듣고 호응해주어 기뻤다.

나와 선교팀은 목사님과 함께 그들에게 기도해주는 기도사역도 했다. 그런데 신기하게도 어떨 땐 목사님보다 내게 기도를 받겠다는 사람들의 줄이 더 길게 늘어서곤 했다. 아마도 내 모습을 보고 내 간증을 들은 다음 감동을 받았는지, 기도받기를 더 소망해서 그랬던 것 같다.

신기한 건, 내가 기도사역을 해본 사람도 아닌데, 인도 아이들을 위해 기도하다보면 그 각각의 아이들을 위한 축복의 말이 저절로 떠올랐던 일이다. 어떤 아이의 머리에 손을 대면 그 아이가 다니엘 같은 아이가 될 것 같다는 생각이 문득 들어 다니엘과 같은 사람이 되게 해달라고 축복했다.

아이들 중에 유달리 똘똘한 눈동자로 목사님이 설교하실 때 맨 앞에서 쳐다보던 여자아이가 막상 기도시간 때 보이지 않는 것 같았다. 분명히 내 기도를 받으러 제일 먼저 줄을 설 줄 알았는데, 사라져서 의아했다. 그런데 잠시 후, 그 아이가 엄마와 아빠를 데리고서 헐레벌떡 집회 장소로 돌아오는 모습이 보였다. 놀라웠다. 아빠는 약간 정신이 이상한 상태인 것 같았다. 어머니는 다쳤는지 아니면 수술을 받아 그랬는지 두개골의 한쪽이 함몰돼 있었다. 누가 봐도 이 가정에 아무 소망이 없어 보였다. 그 아이는 혼자 기도를 받기보다 아빠와 엄마와 같이 기도받고 싶어 모시고 온 것이었다. 나는 눈물이 왈칵 쏟아졌다. 그 아이와 부모 앞에서 간절히 기도했다.

"하나님, 이 가정에 사람 보기엔 아무 소망이 없어요. 불쌍히 여겨주세요. 이 아이의 착한 믿음을 보시고 엄마와 아빠를 치유해주시고, 이 가정을 구원해주세요."

그들과 함께한 기도는 무척 뜨거웠다. 우리가 한국 땅에서 드리는 기도와 차원이 달랐다. 그들이 몹시 간절했기 때문이다. 기독교인이 있지만 많지는 않은 영적 전쟁의 한복판에서 그들은 갈급했던 것 같다.

나는 인도에서 목회자들 앞에서도 간증했다. 그들은 나를 집회 장소인 3층까지 업고 다녔다. 차에서 내릴 때도 탈 때도 업어주며, 표정이 그렇게 밝을 수가 없었다. 정말 복음이 살아있고 전해지는 곳은 달랐다. 문제는 갈급함이란 걸 그때 알았다.

세상에는 구원이 갈급한 이들이 얼마나 많은가? 몸이 멀쩡하든 장애가 있든, 가진 자든 없는 자든, 배웠든 못 배웠든 우리는 복음을 전하는 일을 최우선의 삶의 목표로 삼아야 한다고 새삼 다짐했다.

16장

사랑하기 위해
살아가겠습니다

. . .

나는 후천성 장애인이 되었다. 닉 부이치치나 오토다케 히로타다처럼 태어나서부터 팔과 다리가 없던 선천성 장애인과 달리, 40년 가까이 팔과 다리를 가지고 살아왔던 내가 장애인이 되어 재활 훈련을 통해 사회에 적응하기란 정말 쉽지 않았다.

장애인이 되고 나니 당연하고 평범했던 세상이 완전히 달라 보였다. 간단히 넘어갈 수 있는 문턱이 내겐 성벽이 되었다. 처음엔 스스로 옷을 갈아입기도 쉽지 않았지만, 전동 휠체어를 타고 거리에 나가도 계단과 턱이 가로막으면 이동하기가 불가능하다. 다행히 요즘 서울 같

. . .

은 대도시는 장애인을 배려한 기반 시설이 잘 되어 있는 편이라, 강남의 집에서 강북의 회사까지 지하철을 타고 출퇴근하기가 시간이 좀 더 걸려서 그렇지 다닐 만한 상황이다.

물리적 장애보다 큰 장벽

장애인이 되고 보니 물리적 장애보다 사람들의 이해 부족과 인식의 차이가 때론 더 큰 장애로 느껴지곤 한다. 아예 관심을 두지 않으면 차라리 상관없는데, 나름대로 좋은 마음으로 도움을 주려고 하다가 오히려 불편해질 때가 있다. 예를 들면 무조건 도와주려 하실 때다. 측은한 마음이 들어 그러신다는 것은 이해가 되고 감사하지만, 장애인에겐 오히려 자존심에 상처를 줄 때도 있다.

재활을 마친 초기에 의족을 하지 않고 휠체어만 타고 교회에 갈 때가 있었다. 다리의 절반이 없으니 휠체어 아래가 허전해 보였을 것이다. 나는 어차피 이렇게 되었으니 별 의식을 못하고 있었는데, 어떤 할머니 권사님이 민망해하시는 표정을 지으시더니 갑자기 내 무릎을 덮고 있던 담요를 끌어내려 아래를 가려주시는 것이었다. 아마도 무릎 담요가 펄럭이면서 다리가 없는 부분이 보였나 보다. 하지만 그 분이 내게 먼저 말을 걸거나 양해를 구하신 것도 아니었다. 물론 나는 그 할머니께서 어머니와 같은 심정으로 나름 나를 배려하신다고 하신 일인 것으로 이해는 한다. 하지만 만일 전혀 모르는 남이 내게 묻지도 않고 내 옷매무시를 만져주거나, 바지 지퍼가 열렸다고 올려주거나, 단추가 채워지지 않았다고 내 몸을 만진다면 당황하지 않겠는가?

몸이 이렇다 보니 아무래도 옷차림이 항상 단정하긴 어렵다. 가끔은 셔츠 컬러가 비뚤어질 때도 있다. 손이 있다면 스스로 바로잡겠지만, 대부분 약간 허술한 상태로 그냥 다닐 때가 많다. 그럴 때 어떤 분이 내게 묻지도 않고 슬쩍 다가와 그걸 바로잡아주신 적이 있다. 물론 나를 아는 분이었다. 그렇지만 왠지 기분은 개운치 않았다. 뜻은 알겠고 고마운데, 먼저 "어떻게 해주어도 괜찮겠는가?" 하고 물어본 다음, 내가 동의하고 나서 도와주셨다면 더 좋았겠다 싶었다. 아는 사이라 해도 장애인에게 도움을 주려 할 때는 먼저 그래도 되겠는지 물어보는 게 좋다.

같이 식사할 때도 마찬가지다. 수저를 내 앞에 놓아주시는 건 일반적인 예절이니 상관없지만, 숟가락과 포크를 쥐는 건 나 스스로도 가능한 일인데 그걸 굳이 내 손에 쥐어주려는 분이 계시다. 그러면 나는 장애인 취급을 받는다기보다 애 취급을 받는 기분이 들 수 있다. 엘리베이터 앞에서 호출 버튼을 누르는 것도 내가 충분히 할 수 있다. 그것조차 친절을 베풀어주신다고 서둘러 대신 눌러주는 분이 계시는데, 굳이 그러실 필요는 없다. 나 같은 장애인이 스스로 할 수 있는 행동은 좀 더디고 힘들더라도 스스로 하게끔 담담하게 지켜보는 것이 오히려 나을 수 있다.

따라서 어느 경우든 장애인에게 도움을 주고 싶을 때마다 주의할 방법은 동일하다. "제가 도와드려도 될까요?" 하고 먼저 묻는 것이다. 그러면 아기가 도움을 받는 것과 비슷한 상황이 될지라도 자존심을 누르고 기쁜 마음으로 "네 감사합니다. 도와주세요"라고 말하기가 편해진다. 이건 비단 나뿐 아니라 대부분의 장애인이 공통으로 느끼는 바람일 것이다.

장애인을 돕고 싶은 마음이 드는 것은 귀하고 감사하지만, 이렇게 매우 조심스러운 배려가 필요하다. 몸보다 마음이 먼저 다치기 쉬워 그런지도 모르겠다. 어쨌든 나도 그렇고, 사실 모든 장애인은 도움을 필요로 할 때가 많다. 다만 장애인에게는 적절한 소통과 이해를 통해 도움을 주고받는 것이 필요하다는 걸, 나도 장애인이 되고 나서야 알았다.

거리에서 장애인을 만날 때

비가 오는 날이면 출퇴근할 때 난감해진다. 전동휠체어는 물에 약하기 때문이다. 만에 하나 전기장치에 물이 스며들면 고장이 나고 말아서 무게가 90킬로그램이 넘는 쇳덩이에 불과해지고 만다. 그래서 나처럼 전동 휠체어를 타고 다니는 장애인은 항상 휠체어의 등 뒤 짐칸에 '판초'처럼 생긴 우의(雨衣)를 넣고 다닌다. 문제는 그걸 스스로 꺼내 입기가 상당히 불편하다는 것이다. 지하철에선 상관없지만, 지하철을 나와 거리에 나서려면 당연히 그걸 꺼내 입어야 하는데, 혼자 힘으론 어려운 일이다. 나는 몸을 돌려 간신히 그걸 꺼내 스스로 입곤 하는데, 시간이 오래 걸리므로 바쁜 출근 시간이면 누군가 도와주기를 바랄 때도 있다. 그래서 어떤 날은 아무나 붙잡고 도와달라고 한 적도 있다. 하지만 보통 일반인은 전동휠체어 장애인에게 그런 상황에서 그런 필요가 있는지 알기 어렵다.

언젠가 비가 오는 출근길이었다. 비 내리는 길에 나서

려고 등 뒤의 우의를 꺼내려 애를 쓰고 있는데, 어떤 분이 그런 나를 보더니 "저, 괜찮으시면 제가 꺼내서 입혀 드릴까요?" 하시는 것이었다. 그 분은 우의를 꺼낸 다음 그걸 입는 방법까지 내게 물어가며 친절하게 입혀주셨다. 전동휠체어용 우의는 머리와 앞을 가리는 것뿐 아니라 바퀴 뒤에 달린 배터리와 모터까지 잘 가려야 하는데, 처음 하는 사람은 그게 쉽지 않다. 시간도 제법 걸린다. 그런데도 그런 도움을 주시는 시민을 만나면 정말 고맙다.

겨울이면 거리에서 장갑을 껴야 할 때도 있다. 의수는 상관없지만 내 한쪽 손은 벙어리장갑을 껴야 시리지 않다. 무릎 담요도 잘 고쳐 덮어야 추위를 이긴다. 그럴 때 어떤 여성이 다가와 "장갑 끼워드릴까요?" 하더니 담요까지 잘 덮어주고 가서서 무척 고마웠던 적이 있다.

난감한 때는 식당에서 계산을 하려고 카드를 꺼내다 바닥에 떨어뜨린 경우다. 도무지 집을 수가 없다. 그럴 땐 주변에 누구든 주워달라고 부탁한다. 카드를 주워서 달아나는 분은 한 분도 없었다! 확실히 장애인을 대하는 시민의식이 많이 좋아진 것 같다. 가끔은 내가 이런 상태가 되기 전에, 예전에 장애인을 어떻게 대하고 어떤 도움을 주었는지 돌아보며 뉘우칠 때도 있다.

누군가의 도움이 가장 필요한 장소는 사실 공중화장실이다. 화장실에 문턱이 없고 장애인용 화장실이 있는 곳이면 큰 문제가 아니지만, 오래된 건물이면 화장실 문턱이 높은 경우가 있다.

나는 음식을 거의 가리지 않지만 보통의 한국인인지라 뜨뜻한 국물이 있는 탕 종류를 좋아하는 편이다. 하루는 설렁탕을 맛있게 먹은 다음 화장실에 가려 했는데, 그 식당의 화장실 구조가 구식이고 청결하지도 않아 몹시 불편했다. 일단 문턱이 높아 들어가기도 쉽지 않은 걸 보고 동행한 분이 나를 따라와 주었다. 동행한 분이 화장실 문을 넘어가는 것까지는 도와주었고, 평소처럼 나 혼자 옷을 내려 볼일을 보는 데까진 별 문제가 없었다.

그런데 이상하게도 돌아 나올 때가 문제였다. 화장실에 들어갈 때는 몸을 움직이기가 특별히 어렵지 않았는데, 반대로 나올 때는 몸을 자유롭게 움직이기 어려웠다. 마치 좁은 집에서 이삿짐을 옮길 때 장롱을 집어넣는 건 어떻게 가능했는데, 뺄 때는 힘들어하는 경우와 비슷했다. 내가 볼일을 볼 때까지 화장실 밖에서 기다려주던 분이 더 난감해 했다. 어떻게든 힘을 써서 내가 좁은 화장실 입구를 벗어나도록 도움을 주고 싶었던 모양인데, 그 분도 힘이 약했는지 나를 마음대로 제어하지 못했다. 그때 내가 거꾸로 제안했다.

"그냥 제가 선생님 팔을 기둥처럼 붙잡고 나가 볼 테니 좀 힘드시더라도 그냥 기둥처럼 서 계시겠어요?"

그 분은 이해했다며 고개를 끄덕였고, 내가 스스로 그의 팔과 몸통을 의지해 몸을 움직여 문턱을 넘도록 도왔다. 아니, 그 분은 거의 가만히 서서 내가 그의 몸을 이용하도록 도왔다고 해야 맞는 상황이었다. 장애인용 화장실처럼 쇠기둥 같은 손잡이가 있고 공간도 넓었다면 그 분이 그럴 필요는 없었다. 간신히 좁은 공간을 빠져나올 때 나는 땀범벅이 되었고 그도 숨을 헐떡였는데, 그 분이 다행이라는 표정을 지으며 이렇게 말했다.

"제가 억지로 도울 힘도 부족했지만, 이럴 땐 차라리 제가 장애인용 기둥처럼 이 집사님이 스스로 저를 붙잡고 움직이시도록 가만히 있는 편이 나았네요. 안 그랬으면 자칫 저도 집사님도 같이 쓰러질 뻔했어요. 그러면 더 큰 일이었겠죠."

그 분 말이 맞았다. 그럴 때 억지로 나를 업어보겠다고 나서거나 불필요한 행동을 하면 둘 다 다칠 수 있다.

비록 장애인이지만, 스스로 움직일 수 있는 데까지는

스스로 해보도록 최소한으로 돕는 것도 때론 유익하다. 어깨나 팔을 내주어 나 같은 장애인이 그걸 지지대 삼아 움직일 수 있게 해주기만 하면 된다.

한편, 도움을 구하진 않더라도 알아서 도와주셔서 감사할 때도 있다. 한번은 식당에서 나올 때 입구에 턱이 있는 걸 보면서도 크게 의식하지 않고 속도를 줄이지 않고 나오려다가 그만 바퀴가 턱에 걸리게 되면서 몸이 앞으로 미끄러 넘어지고 말았다. 바로 그 순간, 주변에 있던 서너 분의 남성들이 달려들어 내가 바닥에 얼굴을 부딪치기 직전에 붙잡아 얼른 바로 세워준 것이었다. 정말 순식간에 일어난 일이었다. 그 분들은 말은 안 해도 내가 문을 나서는 걸 지켜보고 계셨다고 했다. 그랬는데, 내가 앞으로 넘어지려는 걸 보는 순간 마치 연습이라도 해둔 것처럼 재빠르게 달려와 나를 잡아준 것이었다. 천만다행이었고 정말 감사한 일이었다. 사람들이 장애인을 눈여겨보는 것이 부담일 때가 대부분이지만, 그럴 경우는 지켜봐주신 것이 오히려 감사한 일이 된다.

들고 있던 스마트폰이나 가방 같은 물건을 떨어뜨릴 때 신기하게도 떨어지기 직전에 받아서 내게 돌려주는 분도 종종 있다. 그럴 때마다 신기해서 나도 도와준 분도 같이

웃곤 한다. 사람들이 항상 나를 지켜보고 있는 것 같아서
부담스럽기도 하지만, 이렇게 감사한 일도 많다.

불편하고 부끄러운 건 관념의 문제일 수 있다

이제는 일상에서 장애인으로 사는 데 어느 정도 익숙해
졌지만, 재활하여 집에 돌아온 첫 해엔 바깥으로 나가기
가 어려웠다. 스스로도 밖에 나가기를 두려워했다.

재활병원에서 퇴원하기 전날 몹시 두려웠다. 이런저런
걱정으로 밤을 꼬박 샜다. 일단 나가기는 해야 할 텐데,
병원에서는 나를 도와주는 사람들뿐이었지만 세상은 그
렇지 않은데, 내가 과연 잘 살아갈 수 있을까? 걱정이 안
될 수 없었다. 퇴원하던 날 차를 타고 집에 가는데, 차창
밖으로 '정상'으로 걸어다니는 사람들이 새삼스럽게 보
였다. 멀쩡하게 걸어 다니는 모습이 신기해 보이는 내 눈
이 더 신기하게 느껴졌다. 그리고 한동안 집과 교회만 오
가는 생활을 반복했다..

퇴원한 그해 7월, 교회에서 전교인 수련회가 열렸다.
마음 한구석으론 가서 은혜도 받고 싶었지만, 이런 몸으
로 전교인이 참석하는 수련회에 간다는 게 꺼림칙했다.

아이 어른 다 합쳐 적어도 몇 백 명이 갈 텐데, 오히려 민폐가 되고 나도 마음이 편치 않을 게 뻔해 보여 끔찍하리만치 가기 싫었다. 그때 아내가 선포하듯 말하며 나를 설득했다.

"당신, 은혜를 택할 거야? 아니면 집에서 쭈그려 앉아 있을 거야? 나는 갈 거야. 애들도 다 데리고. 당신은 어쩔 건데?"

결론부터 말하면, 그때 수련회에 간 건 정말 잘한 선택이었다. 집회에서 은혜를 받았을 뿐 아니라 교인들 앞에서 편해지는 기분을 느끼게 되었기 때문이다. 말하자면, 다른 사람들의 시선에서 자유로워질 수 있게 된 것이다. 의수도 의족도 다 빼고 온전히 휠체어만 의지했고, 여러 교인들의 도움을 받는 경험도 했다.

그때 내 간병인의 아들이 우리 교인도 아니면서 나를 돕겠다고 따라온 것은 또 하나의 특별한 경험이었다. 그 간병인은 권사님이셨는데, 아들이 교회에서 상처를 받아 믿음을 버린 상태였다. 권사님이 아들에게 나를 소개하여 주일마다 재활병원으로 나를 찾아와 돕는 자원봉사를 하도록 하셨다. 그 인연으로 나와 친해졌는데, 그 아들이 내가 수련회에 간다고 하니 휠체어 타는 걸 돕겠다며 따

라온 것이었다. 그 또한 은혜를 입은 수련회가 되었음은
말할 것도 없다.

수련회 때 평소 그리 친하지는 않았던 교회의 한 권사
님이 그를 대신해 잠시 내 휠체어를 밀어주겠다고 하셨
다. 그러시려는가 보다 싶었는데, 그 분이 살짝 귓속말로
내게 자기 이야기를 들려주셨다.

"이 집사님, 고생 많았죠? 정말 많이 힘드셨겠다. 애쓰
셨어요. 그리고 수련회 참 잘 오셨어요. 나는 집사님만큼
어려운 건 아니었지만, 내가 최근에 유방암으로 죽을 뻔
했다가 수술 받고 나아서 오늘 수련회 왔잖아요. 우리가
살다보면 고난이 있지만, 이렇게 교인들과 함께 수련회
오고 하나님께 은혜 받으니 얼마나 좋은지 몰라요. 집사
님도 그렇지요?"

권사님 말씀에 뭉클했고 "아멘" 하지 않을 수 없었다.
아픈 사람이 아픈 사람을 위로한다고, 권사님의 위로가
진실하게 느껴졌다. 새삼 수련회 참석하길 정말 잘했다
는 생각이 들었다.

그 수련회에서 받은 은혜는 목사님의 말씀과 교인들
의 도움뿐이 아니었다. 게임을 하는 시간이 있었는데, 팀
을 짜서 풍선을 던지고 받는 게임도 있었다. 아내와 교인

들이 나도 그 게임에 참가하라고 권했다. 나는 당연하다는 듯 할 수 없다고 사양했는데, 할 수 있다고, 해보라고 모두 내 등을 떠밀었다. 비록 풍선을 자유롭게 던져줄 순 없었지만, 휠체어에 앉아 아내가 던져주는 공을 받을 때 주변 사람들이 잘했다고 박수를 쳐주었다. 내가 비록 몸은 이렇게 되었어도 사람들과 어울릴 수 있다는 것을 깨닫고 몹시 기뻤다.

사고를 당하고 후천적 장애인이 되면 자기 몸도 우선 불편하지만 주변의 시선이 부담스럽고 자존심이 크게 상해 세상에 나서기를 두려워하게 된다. 하지만 세상은 장애인을 불편하게만 여기지 않는다. 조금만 마음을 열면 세상도 장애인도 얼마든지 하나가 될 수 있다. 나는 그 수련회에서 영적 은혜도 많이 받았을 뿐 아니라, 사람들 앞에 설 수 있다는 자존감이 회복되는 기쁨도 같이 얻었다. 그것은 내가 세상에서 주님의 복음을 증거하는 증인이 되는 일이 가능하다는 걸 알게 된 계기가 되기도 했다.

김복남 전도사님을 통해 들은 하나님의 위로

내가 재활하는 데 도움을 준 분 중에 세브란스재활병원

의 원목이신 김복남 전도사님을 빼놓을 수 없다. 김 전도사님은 어려운 개인사가 있으심에도 불구하고 장애 환자를 돌보며 재활 장애인의 어머니로 불릴 정도로 많은 사역을 하신 유명한 분이다. 내가 그 병원에 있을 때, 그 분은 뇌에 문제가 발견돼 입원하고 계셨다. 그래서 다른 분이 심방하러 오셨기에 뵙진 못했다.

재활하고 사회에 복귀한 다음 한두 해 지나, 그 병원에서 나를 간증자 중 한 명으로 선정해 이야기를 들려달라고 초청했다. 재활병원 환자들을 위해 재활 선배로서 경험담을 들려주고 격려하라는 취지였다. 나를 포함해 3명이 3인3색 토크쇼를 했는데, 맨 앞줄에 환자 가운을 입은 할머니가 유독 눈에 띄었다. 나는 처음엔 그 분도 환자 중 한 분인 줄 알았는데, 알고 보니 그 할머니가 바로 김복남 전도사님이셨다. 내가 간증을 하는 동안 누구 못지않게 울고 계셨다. 전도사님은 내 강연이 끝난 뒤 나를 안아주고 격려하시며 감동 많이 받으셨다고 말해주시고, 나를 위해 기도하겠노라고 약속하셨다.

그 뒤 전도사님을 뵙고 인사드리러 다시 찾아간 일이 있었는데, 역시 반갑게 맞아주셨다. 그러시더니 나를 위해 기도하시겠다며 절단된 내 다리와 팔과 어깨를 번갈아 붙잡고 쓰다듬으며 기도하기 시작하셨다. 기도는 거의 30분을 이어갔다. 기도의 거의 절반은 울음이었다. 나도 같이 울 수밖에 없었다. 기도를 마치자 전도사님이 내게 들려줄 하나님의 음성이 있다고 하셨다.

"집사님, 하나님께서 저더러 우리 이 집사님에게 전해달라는 말씀이 있었어요. 하나님께서 나한테, 홍승이에게 너무 미안하다고, 가슴이 아프다고 말씀하셨어요. 집사님이 장애인이 된 게 너무 마음 아프시대. 그걸 이야기해주고, 위로해주라고 하셨어요."

전도사님을 통해 전하셨다는 하나님의 마음을 알고서 나는 그날 얼마나 많이 울었는지 모른다. 세상 누구의 위로도 그보다 더 클 수는 없었다. 전도사님의 말씀이 또 이어졌다.

"하나님이 그러시네. 집사님이 이제 세상에 나가 그리스도의 증인이 되라고. 세상에 너무나 안타까운 고통을 겪는 사람들이 많은데, 집사님이 가서 위로하라 하시네. 가서 위로하라고, 예수 그리스도를 전하라고."

김 전도사님이 나를 위해 기도하겠다고 하신 약속은 허언이 아니었다. 지난 10년간 그 분의 기도목록 수첩에서 내 이름이 빠진 적은 없었다. 해마다 설날이나 추석이면 우림이와 요한이, 애들 맛있는 거 사주라고, 그 분도 넉넉하지 않은 형편에도 내게 꼬박꼬박 얼마의 용돈을 보내오신다. 이젠 은퇴하셨음에도 불구하고 올해도 용돈을 보내셨다. 나는 이제 됐다고, 그만 보내시라고 사정을 해도 아랑곳 않으신다. 나는 별로 해드린 것도 없는데, 이런 모습이 진정한 사랑이고 위로라는 것을 나는 매번 느낀다.

김 전도사님은 몇 해 전 간증 자서전을 내셨다. 《사랑하기 위해 살고 살기 위해 사랑하라》(규장 간)는 제목의 책인데 그 중 한 대목에서 나에 대한 이야기를 언급하셨다. 그렇게 나를 생각해주실 뿐 아니라, 내가 몇몇 교회에서 간증하도록 주선도 해주셨다. 그 덕분에 장애인 사역을 많이 하는 노원순복음교회 등에서 간증을 할 수 있었고, 그것이 소문을 냈는지 이후 오류교회와 분당우리교회 등에서도 간증할 수 있었다. 이제는 도리어 내게 장애인 사역을 이어달라는 부탁까지 하신다. 당신은 나이가 들고 힘들어 장애인 사역을 하기 힘든데, 나 같은 사람이 장애인 사역을 하고 세상에 장애인 문제를 알리는 역할을 하면 좋겠다고 말씀하신다.

내가 과연 장애인 사역을 할 수 있을까? 전도사님의 부탁이라서가 아니라, 종종 마음에 그런 부담감이 다가오곤 한다. 나도 가족을 부양해야 하고 직장생활도 할 수 있을 때까진 해야 하는데, 내가 무슨 장애인 사역을 할 수 있단 말인가? 하지만 전도사님 말씀도 그렇고 종종 주일예배 때 듣는 담임목사님의 설교에서도 도전을 받을 때가 있다. 먼저 하나님나라와 그 의를 구하고, 하나님 나라의 일을 하라고. 하나님 일을 하면 그 인생을 책임져주신다고. 다른 건 몰라도, 김 전도사님의 책 제목처럼 '사랑하기 위해 살고 살기 위해 사랑'하기 위해, 장애인 사역이 하나님의 뜻이라면 순종해야 할 것이다.

두려움을 이기고 사명을 따라 살아가려면

사람들은 장애인이든 아니든 다 죽음이라는 인생 최강의 장애 앞에서 두려워한다. 먹고 사는 일이 우선 두렵다. 우리가 영원한 생명을 얻는 구원을 받았음에도 불구하고 육신 때문에 계속 죄를 짓는 이유는 바로 그 궁극적인 두려움 때문이다. 인생이 느끼는 고통과 가난과 질병과 죽음에 대한 두려움 때문에 하나님을 믿는 믿음이 약해진다. 하지만 믿음이 강할수록 그런 두려움은 사라지기 마련이다. 죽음의 두려움조차 이기는 믿음을 가지면 순교도 가능해질 것이다. 내가 과감히 믿음을 갖지 못하고 순종하지 못하는 이유는, 사실 여전히 내 안에 똬리를 틀고 앉아 있는 두려움 때문이다.

죽음의 문턱까지 가보고 사지를 절단하고 장애인으로 살면서도, 다시 세상을 보고 두려워하며 믿음이 약해지는 나를 보고 많은 생각을 하게 된다. 병실에서 의식을 잃고 있을 때 꿈과 환상을 통해 복음을 전하라는 소명을 받았고, 김복남 전도사님의 기도를 통해서도 같은 부르심을 받았음에도, 나는 이전의 옛사람의 모습대로 다시 두려움에 빠져 믿음이 약해지곤 한다. 은혜는 아무리 크게 받아도 내가 삶에서 그것을 복기하며 훈련에 힘쓰지 않으면, 나는 언제라도 다시 믿음이 약해지고 소명에서 멀어지는 사람이 될 수 있다는 걸 느낀다.

재활한 후 교회에서 제자훈련에 참가하게 되었다. 10명 이내의 소수였는데, 나를 지도하신 목사님을 통해 하나님을 더 깊이 만날 수 있었다. 제자훈련을 마칠 때 하나님께 받은 비전을 쓰는 시간이 있었는데, 뜬금없이 내가 비행기를 타고 다니며 복음을 전하고 장애인들을 위해 대변하는 역할을 하게 될 것 같다는 생각을 적고 있었다. 나는 복음을 전하는 일도 아직 사역자들처럼 온전히 하지 못하고, 장애인 사역을 본격적으로 하는 사람도 아니다. 하지만 이 책을 쓰면서 새삼 다짐하게 되는 것은, 내 삶에 주어진 두 가지 소명이 있다면 그 하나는 복음을 전하는 것이요 다른 하나는 장애인 사역이라고 생각한다.

사실 이렇게 내 삶을 드러내는 간증서를 쓰는 것부터 부담이고 나로선 주저할 수밖에 없는 일이다. 하지만 하나님의 은혜를 증거하고 살아계신 하나님을 나타내는 일에 나를 드리기로 하면서, 복음을 전하는 일에는 자유로워졌다.

이 책은 장애를 이겨낸 나를 자랑하려는 것이 아니라, 오직 하나님의 증인이 되라는 하나님의 음성에 순종하는 일일 뿐이다. 내가 자유롭게 다니기 어려우므로 책을 통해 내 이야기를 전하여, 이 책을 통해 하나님을 증거하고 싶을 뿐이다. 만약 하나님이 나를 장애인 사역으로도 부르기를 원하신다면 어떤 모양으로든 이끄실 것이고, 나는 그 뜻에 따라 순종하면 될 것이다.

그런데 나는 어떤 은사를 통해 장애인 사역을 섬길 수 있을까? 가만 생각하니 내 전공 분야인 마케팅 분석 기법을 활용하여 장애인 문제를 분석하고 대안을 알리는 일을 할 수 있겠다는 생각도 들었다. 마케팅 기법을 적용하여 우선 장애인의 실태를 좀더 구체적으로 파악할 필요가 있을 것 같다. 전문적인 설문조사 기법을 활용할 수도 있을 것이다. 또한 실태조사를 해서, 어떤 문제를 먼저 해결하는 것이 좋을지 대안도 제시할 수 있을 것이다. 여하튼 하나님이 이끄시면 부르신 대로 순종하면 될 것이다.

'장애인인 게 어때서?'

어느덧 장애인이 된 지 10년이 지났다. 초기에는 걷고 싶은 마음이 컸다. 한번은 보장구를 착용해, 실제로 아기가 걸음마를 걷듯이 걷는 데 성공하기도 했다. 하지만 어느 정도 시간이 지나면서 그런 마음은 내려놓기로 했다.

장애의 수준이 어떠하든, 일단 '이전의 모습'을 목표로 하면 끝이 없다. 계속 노력해야 하고 투자도 계속 해야 한다. 그러면 행복과 만족을 느낄 겨를이 없다. 하지만 내 장애를 있는 그대로 받아들이면 상황은 달라진다.

우선 '내가 장애인인 게 어때서? 이건 이제 내 모습인데' 하고 받아들이면 된다. 내가 장애인이라는 것이 사실이긴 하지만, 그건 어디까지나 관념에 불과할 수 있다. 나는 장애인이 된 초기엔 오랫동안 그 관념을 버리지 못했다. 이전처럼 걸어 다니는 걸 동경했고 현실을 계속 부정했다. 그래서 자주 좌절하고 괴로워할 수밖에 없었다.

하지만 어느 순간, 하나님께서 지금 이대로 지내라고 하신다는 걸 깨달았다. 성경을 보니 하나님은 우리 인간을 각각 모자라면 모자란 대로 사용하시는 분이시다. 심지어 나의 이런 모습이 필요했기 때문에 하나님이 나를 이렇게 만드신 것일 수도 있다. 그렇다면 장애인으로 사는 게 무슨 대수란 말인가?

일반인이 사회에서 다수라면 장애인은 사회적 소수에 해당한다. 하지만 일반인 중에서도 예를 들어 키가 큰 사람과 키가 작은 사람이 각각 느끼는 장애가 있을 수 있다. 키가 작으면 높은 곳의 물건을 자유롭게 꺼낼 수 없다. 누군가의, 혹은 어떤 도구의 도움이 필요하다. 반대로, 경우에 따라선 키가 큰 사람이 오히려 불편한 환경이 있을 수도 있다. 그건 단지 평균 키에 맞춘 환경 때문에 생긴 불편일 뿐이다. 누구라도 불편을 느끼는 부분이 있다면, 그는 그 부분에서 장애를 겪고 있는 것이다.

결국 장애란 다수를 기준으로 소수에게 덮어씌운 관념이다. 그러므로 소수까지 배려해 인식과 환경을 변화시키면, 구별되지 않고 모두가 함께 살 수 있는 사회가 된다.

부족하고 불편한 점은 서로 돕고 보완하면 된다.

장애인과 비장애인에 대한 차별도 요즘엔 많이 줄어든 것 같다. 물론 사라져야 할 편견과 인식의 장애는 여전히 있지만 말이다. 우선 나부터 장애인으로서 떳떳하게 사는 게 의미있는 삶을 사는 비결인 것 같다. 장애를 극복하겠다고 억지로 애쓰기보다, 그저 이 상태에서 최선을 다해 살면 그 모습이 더 아름답지 않을까 생각한다.

누구나 자신의 건강을 유지하고 주어진 신체를 잘 보전하는 게 필요하지만, 각자의 몸을 있는 그대로 인정하면서 최선을 다해 살고, 사람들과 기쁘고 행복하게 어울리며 사는 것이 가장 아름다운 인생일 것이다.

다른 장애인에게 해주고 싶은 말

내가 다른 장애인을 만날 때, 굳이 특별한 위로의 말이 필요 없는 것 같다. 하지만 이 두 가지 말은 꼭 들려주고 싶다. 첫째는 하나님을 소개하는 것이다. 가장 큰 위로는 예수님을 알게 하는 것이기 때문이다. 그리고 둘째는 장애가 무엇인가에 대해 그의 생각과 내 생각을 서로 나누는 것이다. "나는 이런 장애가 있어서 이런 건 못해"가 아니라, 그것은 그저 관념일 뿐이고, 내가 할 수 있는 것에 집 중하자고 격려할 것이다.

내 손을 보면 한쪽에 손가락 두 개만 남아 있다. 그나마 자유롭게 굽히지도 움직이지도 못한다. 하지만 타이핑 하나만큼은 엄청나게 빨리 할 수 있다. 흔히 말하는 독수리 타법인데, 이 손가락 하나로 그 어려운 마케팅 분석 보고서 작성을 다 해내고 있다. 숟가락과 포크도 남은 두 손가락으로 가능하다. 비록 다섯 손가락은 아니지만, 이걸로도 내가 할 일은 얼마든지 할 수 있다. 나는 내가 못하는 것은 생각할 필요가 없고, 오직 내가 지금 할 수 있는 것들에 감사하면 그만이다.

내가 처음 집에 돌아왔을 때 아내가 잠시 집을 비워 나혼자 급한 볼일을 해야 했던 이야기를 간증할 때마다 하는데, 나는 그날 이후, 나 스스로 조금씩이나마 뭐든 해낼 수 있다는 자신감이 붙기 시작했다. 그 일은 내게 도전이자 성취였다. 그때 이야기를 좀더 구체적으로 다시 해보려 한다.

아내가 나를 두고 집을 나가며 간식으로 아몬드를 한통 두고 갔다. 나는 책을 보며 아몬드를 마구 집어먹었는데, 목이 갈해 물도 많이 마셨다. 그게 그만 속에서 탈이

난 모양이었다. 당장 설사가 나오려는 것처럼 급해졌다. 아내에게 전화했지만 아내가 와서 도와주기엔 이미 너무 급한 상황이 됐다. 나 스스로 어떻게 해서든 화장실로 가서 일을 봐야 했다.

그때 우리집 화장실은 아직 나를 위한 시설을 갖추지 못했을 때였다. 20센티미터가 넘는 문턱이 있었고, 일단 화장실 앞까지 기어가는 것도 보통 일이 아니었다. 그때까지만 해도 나는 화장실에 갈 때 아내에게 짐짝처럼 업혀가곤 했기 때문이다. 어쨌든 간신히 엉덩이를 움직여 화장실 앞까진 갔다. 문제는 역시 문턱이었다. 어떻게 하나 고민할 겨를도 없었다. 무릎까지 남은 약간 긴 오른발을 문턱에 올리고 넘어가기를 시도했다. 그런 다음 팔꿈치밖에 남지 않은 오른손으론 벽을 짚고 왼손을 뻗으면 문턱을 넘기가 가능할 것 같았다. 그렇게 한 서너 번 시도하자 간신히 화장실 진입에 성공했다!

이제 남은 문제는 가슴 높이의 변기에 어떻게 앉느냐였다. 그때 눈에 띈 것이 아기 요한이를 위해 마련해둔 욕조용 의자였다. 요한이가 세면대에 올라갈 때 계단처럼 사용하는 플라스틱 의자를 디딤돌로 삼으면 될 것 같았다. 한 손으로 변기 뚜껑을 잡고 힘을 쓰다 잠시 휘청거려 넘어질 뻔도 했지만, 간신히 변기에 앉는 데는 성공했다. 그리고 서둘러 바지를 내리는 순간, 기다렸다는 듯 펑 소리가 났다. 볼일을 보고 나서도 그동안 흐른 땀이 채 마르지 않고 있었다. 나는 변기를 돌아보며 '내가 저걸 어떻게 해냈지?' 하는 뿌듯한 마음이 물밀듯 밀려들었다. 그전까지는 아내가 없으면 나 혼자 화장실도 못 갈 줄 알았는데, 나도 하려고 들면 할 수 있다는 자신감이 들었기 때문이다.

아내 등에 업힌 내 모습이 짐짝 같아 괴롭고 비참했는데, 힘들긴 하지만 나 혼자 할 수도 있다는 걸 체험하니 그렇게 기쁠 수가 없었다. 그날 또 깨달았다. 장애인이기 때문에 무엇을 못 한다는 것은 결국 내 마음의 문제라는 것을! 나는 스스로 변기에 올라앉을 수 없다고 생각했는데, 그렇지 않다는 것을 깨달은 것이다. 결국 장애는 편견과 관념에 의해 만들어진 것이다.

'문턱 넘기', '받침대 오르기', '변기에 앉기'는 엉덩이로 걷는 내게 넘을 수 없을 것 같던 세 개의 장벽이었다. 평생 시도조차 하지 못할 세 장벽을 단 5분 만에 다 넘은 것이다. 그날의 감동은 아직도 잊을 수 없다. 결국 도전이다. 할 수 있을 만큼은 최선을 다해야 한다. 아예 안 되는 부분은 자책하거나 비관하지 말고, 그저 인정하면 그만이다. 다만, 자기가 할 수 있겠다 싶은 건 힘들어도 시도해봐야 한다.

의족을 끼고 빼는 것도 도전이었다. 의족을 너무 허술하게 끼면 빠질 수도 있으므로 조금 살에 꽉 끼게 맞추는데, 여름에 땀이 차면 빼기가 쉽지 않다. 처음엔 빼는 데만 40분 이상이 걸려 쩔쩔맨 날도 있었다. 그러다 나중에 요령이 생겼다. 뺄 때 발과 의족의 각도를 약간만 어긋나게 하면 쉽게 빠지는데, 그걸 모르고 의족에만 힘을 주고 빼려고 했으니 발만 아프고 빼지도 못 했던 것이다. 이후로는 아무리 땀이 차고 살이 부어도 조금만 요령을 기울이면 빼는 데 큰 어려움이 없다. 안 될 줄 알고 속상해서 포기하려 한 일인데, 이것도 포기하지 않고 요령을 찾으니 쉬운 방법이 있었다.

하나님이 내 아버지이시므로

장애인의 삶이란 게 어쨌든 괴롭고 고통스러운 건 사실이다. 부인하지 못한다. 그 자체가 고난이다. 더구나 나처럼 비장애인으로 살다가 자신의 의지와 상관없이 장애인이 되고 나면 갑자기 찾아온 불행처럼 여겨져 괴롭기가 그지없다. 감당하기 어렵다. 본인뿐 아니라 가족도 마찬가지다. 나도 그랬지만, 후천적으로 장애인이 된 사람은 대부분 이런 질문을 던진다. "왜 하필 나야?"

기독교인이라면 이렇게 하나님께 물을 것이다.

"하나님, 왜 하필이면 제게 이런 일을 허락하셨나요?"

아프고 난 후 성경에서 욥기를 특히 많이 읽었다. 그 중에 이 대목에서 눈이 멈췄다.

내가 주께 대하여 귀로 듣기만 하였사오나 이제는 눈으로 주를 뵈옵나이다_욥기 42:5

이제 하나님은 내게 그저 성경 안에 박제된 하나님이 아니시다. 살아계신 나의 아버지이시다. 내가 다시 생명을 얻게 해주신 내 생명의 근원이시고, 나를 회복하신 하나님이시다. 내게 미래에 대한 소명을 주시고 내 삶에 다시 기회를 주신 분이시다. 그냥 내버려 두지 않으시고 매일 놀라운 회복의 역사를 보여주신다. 그 하나님이 내 아버지이신 것이 몹시 놀랍다. 그러므로 내가 믿는 하나님이 누구시냐고 묻는다면, 내 답은 하나다.

"하나님은 내 아버지이십니다!"

이 질문과 답은 내가 의식불명일 때 꿈에 본 환상에서 받은 것이기도 하다. 나는 꿈속에서 두 번째로 이 질문을 받을 때 얼른 대답하지 못하고 밑으로 떨어지는 체험을 했는데, 그때 나는 당당하고 자신있게 이 대답을 했어야 했다. "하나님은 내 아버지이십니다!"

하나님 아버지는 나를 내버려 두지 않으신다. 내가 자전거를 처음 배울 때, 아버지는 자전거를 붙잡고 계시면서도 마치 손을 놓고 계신 것처럼, 그래서 나 스스로 달리고 있는 것처럼 착각하도록 나를 격려하고 계셨다. "잘 타고 있다"고, 잘 살고 있다고, 잘 하고 있다고….

내가 자전거를 탈 수 있게 되었어도, 가끔은 아버지께서 내가 타는 자전거 뒤를 몰래 잡고서 같이 뛰실 때가 있었다. 하나님 아버지도 그러하시다. 내가 어느 정도 성장하여 스스로 인생을 살아갈 수 있게 되었어도, 자전거를 처음 타는 아들을 지켜보는 아버지처럼, 하나님께서도 내 인생을 뒤에서 슬쩍 잡고 계실 때가 있다. 물론 모든 아버지는 아들이 스스로 달리기를 응원하고 기특해 하시지만, 그래도 언제나 그 자녀를 지켜보고 계신다. 내가 나이 든 지금도, 내 아버지는 여전히 그러하시다.

그럼에도 불구하고 우리는 인생이라는 자전거를 스스로 잘 타게 된 것처럼, 이게 내 실력인 것처럼 우쭐해지고 오만해지기 일쑤다. 그래서 조금 할 줄 알게 되면, 하나님이 힘이 돼주시겠다고, 우리가 온전히 설 때까지 뒤에서 잡아주겠다고 말씀하실 때도, 마치 고집 센 어린이처럼 "나 혼자 할 수 있다"라고 큰소리칠 때가 있다. 그건 내 인생의 주인이 나라고 착각하는 것이다. 그것이 심해지면 아버지를 떠나 인생을 탕진한, 성경에 나오는 둘째 아들처럼 될 수도 있다.

나는 아프기 전에, 예수를 믿기 전에 교회에서 들은 이야기 중에 가장 이해가 가지 않았던 것이 '인생의 주인이 내가 아니고 하나님'이라는 말씀이었다. '어떻게 인생이 자기가 노력도 안 하고 하나님만 의지하고 사느냐'라고 생각했다. 적어도 내가 아는 육신의 내 아버지는 그런 분이 아니셨기 때문이다. 아버지는 전쟁고아셨다. 어려서는 집성촌에서 머슴과 다름없게 살아오셨다. 지금은 꼬부랑 할아버지가 되셨는데, 아버지의 신조는 '노력'이었다. 그것이 나의 신조가 되었다. 나는 그런 아버지를 정말로 존경했다.

하지만 하나님 아버지를 만나니, 인생이 그저 우리의

노력만으로 되는 것은 아니란 걸 알게 되었다. 노력보다 소중한 무엇이 있다. 그것은 하나님이신 아버지를 의지하는 것이다. 그것이 아버지에게 순종하는 길이기도 하다. 그러므로 하나님의 자녀로서 가장 좋은 자녀는 누구인가? 아버지에게 의지하는 자식이다. 그리고 아버지가 하라시는 대로 순종하는 것이다. 아버지에게 의지하고 순종하며 사는 것이 가장 안전하고 복된 인생인 것이다. 아버지의 뜻을 이해하고 아버지가 원하시는 것을 이루도록 노력할 때, 그 노력이 진정 가치있는 노력이 되는 것이다. 그저 내 노력만으로 내 인생을 살아보려 한다면, 그건 하나님이 가장 싫어하시는 교만이고 심지어 불순종이 되고 만다. 그래서 하나님을 온전히 의지하고 순종하는 과정이 곧 성화의 과정이 된다.

내가 이제 잘 살아가기 위해 노력하는 것은 오직 아버지의 뜻을 알고 그 뜻대로 살아가려고 하는 것뿐이다. 내게 주신 아버지의 뜻은 세상에 복음을 전하는 것이고, 땅끝까지 이르러 제자를 삼는 것이다. 내 삶을 주님의 영광을 위해 드리는 것이다. 이것이 진정으로, 두 번째 걸음마를 시작한 내 인생의 목적일 것이다.

두 번째 걸음마

저는 지금 제2의 인생을 살고 있습니다. 성경에 히스기야라는 왕의 이야기가 나오지요. 병이 들어 죽게 되자 생명을 연장해달라고, 살려달라고 간절히 기도해서 응답을 받아 15년을 더 삽니다. 저는 가끔 그 부분을 읽을 때마다 찔리곤 합니다. 왜냐하면 히스기야가 살아난 다음 멋있게 살지 못했잖아요. 바벨론 사람들이 오니까 성전에 있는 보물을 보여주는 실수까지 하지요. 그래서 당시 선지자로부터 인생 말미가 비참할 것이라고, 자녀들이 엄청난 재앙을 받을 것이라는 저주를 듣지요. 제가 꼭 그 왕 같아서 그렇습니다.

하나님께서 제게 새 인생을 주셨습니다. 저는 그것을 두 번째 걸음마라고 표현합니다. 저는 10년 전 병실에서 팔과 다리가 썩어들어갈 때 이미 죽었을 목숨입니다. 그

때는 의사들이 보기에 살 수 없었는데, 그랬던 제가 10년을 더 살고 있습니다. 지금 이렇게 살아 있다는 게 기적입니다. 앞으로 얼마나 더 생명을 누리며 살지 알 수 없지만, 당장 내일 데려가신다 해도 저는 하나님 앞에서 할 말이 없습니다. 그저 아내와 자녀들과 함께 다시 살게 하신 것, 생명을 주셔서 이렇게 살아가게 하시는 것만도 무한한 은혜이니까요.

꿈도 소망도 물론 있습니다. 하지만 이제는 하나님의 의지대로 살아가는 것 말고는 다른 걸 생각하긴 어려운 것 같습니다. 하나님의 자녀로서, 예수 그리스도의 제자로서 온전한 삶을 살아가느냐, 그게 가장 어려운 숙제입니다.

제가 어떤 사람이 되고 싶다는 꿈도 있습니다. 그건 그저 누구나 가질 수 있는 삶의 소망이지만, 내 힘으로 되는 건 아닌 것 같습니다. 그저 날마다, 살아가는 순간순간마다 하나님의 뜻을 따라 승리하는 삶을 사는 것, 하나님이 부르실 때까지 그렇게 살아가고 싶을 뿐입니다.

어느 자리에서든 누군가 나를 필요로 하고 하나님께서 나를 통해 하실 일들을 돕고 섬길 수 있다면, 저는 어느 순간에서든 그 일을 하고 싶고, 할 것입니다. 그것이 다시 살아난 처의 두 번째 걸음마이고 제 역할이 될 것입니다.

하나님께서 저를 어떻게 이끄실지 아직 다 알 순 없지만, 할 수만 있다면 저는 이 세상에서 '턱 없애기 운동'을 하고 싶습니다. 이미 우리나라는 법으로 정한 대로, 도시나 큰 건물에서는 건물을 짓거나 보수할 때 장애인이 다니기 편하도록 문턱을 만들지 않고 있습니다. 계단뿐 아니라 휠체어가 다닐 수 있는 경사로도 의무적으로 만들고 있지요. 하지만 중소 규모의 건물이나 오래된 건물의 카페나 식당들에는 여전히 턱이 있습니다.

회사에 복귀한 뒤 당황스러운 일을 한번 겪었습니다. 연말에 임원진과 팀장들이 회식할 기회가 생겼는데, 비서가 예약한 식당이 아주 멋진 곳이었지만, 입구에 턱이 있어서 저만 들어가지 못하게 된 것입니다.

그 뒤로는 회사에서 가끔 회식을 하러 갈 때, 맛집을 앞에 두고도 문턱이 있어서 저 때문에 맛이 좀 덜한, 턱이 없는 다른 식당으로 갈 때가 있습니다. 그럴 때면 참 미안한 마음이 듭니다. 건장한 남자 직원들이 주변에 있을 땐 서너 명이 달려들어 제가 탄 휠체어를 들어 턱을 넘을 때도 있지만, 만약 아내와 단둘이 식사를 하러 간 경우면 그렇게 하지 못합니다.

그 뒤로도 일상에 적응하고 살아가면서 세상을 보니, 아프기 전에는 아무 문제가 없어서 신경 쓰지 못했던 턱이 매우 많다는 걸 알게 되었습니다. 휠체어가 문턱을 넘을 수 있는 철제 경사로 하나만 입구에 얹어두면 되는데, 그게 없어서 들어가지 못하는 곳이 의외로 많습니다.

제가 새로 태어난 아기처럼 새 인생을 살아보니, 세상에서 대표적으로 불편하게 여기는 것이 바로 이 문턱입니다. 그래서 문턱 없애기 운동을 해볼까 하는 겁니다. 턱이 없다면 장애인뿐 아니라 일반인도 드나들기 편할 것입니다. 장애인을 돕는 일은 결과적으로 일반인도 편해진다는 말이 맞는 것 같습니다. 이 일을 할 수 있다면, 제가 장애인이지만 장애인을 위한, 아니 모든 사람을 위한 일을 하는 결과가 될 것입니다.

문턱에 경사로를 놓는 비용은 최소 3만 원 정도라고 합니다. 그런데 건물주나 업주가 하고 싶어도 마음대로 못하는 법적 한계가 있다고 합니다. 경사로가 건물 안쪽에 있는 건 상관없지만, 건물 바깥, 즉 보도 같은 데는 마음대로 놓을 수 없는데, 보도 같은 공유 공간에 행인에게 방해가 될 수 있는 물건을 놓는 건 불법이기 때문입니다. 길거리에 과도한 광고물을 내놓는 게 불법인 것과 마찬가지입니다. 아무래도 경사로가 있으면 일반인이 다니는 보도를 가로막고 걸려 넘어질 수도 있을 겁니다. 모순 같습니다만, 현실이 그렇습니다.

세상의 법이나 사회적 인식이나 모두 사람들의 생각을 바꾸는 데서 출발하는 것 같습니다. 법을 바꾸든지 의식을 바꾸든지, 어디서부터든 변화가 필요하겠습니다.

제가 하고 싶은 또 한 가지의 일은 역시 복음을 전하는 것입니다. 그것은 제가 다시 살게 된 목적이자 제게 주어진 소명입니다. 아마 그것은 이 책을 읽으시는 독자님에게도 동일한 소명일 것입니다.

저는 이제 평생 이런 모습으로 살아갈 것입니다. 잘린 손과 발이 다시 나는 것도 아닐 것이고, 로보캅처럼 전자 팔이 언젠가 나온다 하더라도 한참 후의 일이 될 것입니다. 혹시 전자 팔이 제가 살아 있는 동안 나온다 하더라도 그것에 새롭게 적응하는 것도 쉽진 않겠지요. 기술의 발전이 어떻게 빨라질진 몰라도, 당장 실제 팔처럼 활용할 수준이 될지는 상상하기 어렵습니다.

언젠가 그런 날이 와서 장애를 극복할 수 있으면 좋겠

지만, 그 전에 중요한 건 지금 이대로의 제 모습을 받아들이고 인정하며 살아가는 자세라는 생각이 듭니다. 주님이 지금 제 모습 이대로 저를 사랑하시듯, 저도 저 자신의 현재 모습을 인정하고 사랑할 것입니다. 그런 마음이 전자 팔이 생기는 일보다 더 중요할 것입니다.

저는 장애인으로서도 그리스도인으로서도 떳떳한 삶을 살기를 바랍니다. 삐까삔쩍하고 어마어마한 일을 해내는 것만이 성공한 삶은 아닐 것입니다. 하나님께서 가장 좋아하시는 제 모습은 그저 제가 있는 곳에서 하나님의 자녀임을 주변 사람들이, 세상이 알게 하는 것이라고 믿습니다.

누군가 저를 보고 '이홍승은 진짜 하나님의 사람이야'라는 평가를 해준다면 가장 행복할 것입니다. 어쩌면 그리스도의 참 제자가 되는 것, 그게 가장 어려운 삶일지도 모르지요. 하지만 이것이 이 책을 통해 제가 들려주고 싶은 이야기이기도 합니다.

당신이 혹시 장애를 입은 사람일지라도, 고통을 겪어보았거나 지금도 고통을 겪고 있을지라도, 자신의 모습과 형편을 남과 비교하지 말기를 바랍니다. 비록 삶이 힘들고 어려울지라도, 현실과 고통 그 너머에 계신 하나님을 바라보며 믿고 의지하면서, 하루하루를 기쁘게 누리며 살기를 바랍니다. 이런 마음을 주님 오실 그날까지 품고 계시기를 바랍니다.

주어진 것에 기뻐하면서 누리면서 살아가는 것, 이게 어쩌면 제2의 인생, 두 번째 걸음마를 걸으면서 살아가는 제 삶의 목적일 것입니다. 비전이라면 가장 큰 비전이기도 합니다. 그런 의미에서라면, 저는 제 삶으로 독자에게 도리어 축복하는 사람이 될 것입니다.

고등학생 때 친구 따라 교회 갔을 때 처음 들었던 복음송이 송정미의 '축복송'이었다고 말씀드렸지요?

때로는 너의 앞에 어려움과 아픔 있지만
담대하게 주를 바라보는 너의 영혼
너의 영혼 우리 볼 때 얼마나 아름다운지
너의 영혼 통해 큰 영광 받으실
하나님을 찬양 오 할렐루야

당신 앞에도 크든 작든 어려움과 아픔이 있을 것입니다. 그럴 때는 담대하게 당신을 있는 모습 그대로 사랑하시는 주님을 바라보십시오.

　제가 볼 때, 아니, 누가 보더라도 당신이 얼마나 아름다운 사람인지 당신은 아시는지요? 당신을 통해 영광을 받으실 주님을 찬양합니다. 당신이 그렇게 되시길, 인생의 두 번째 걸음마를 걷고 있는 이홍승이 주님의 이름으로 축복합니다.

두 번째
걸음마